AF599643

Vivir sin culpa

Reconocer la inocencia, descansar en la confianza

Enrique Martínez Lozano

Vivir sin culpa

Reconocer la inocencia, descansar en la confianza

2ª edición

Desclée De Brouwer

© EDITORIAL DESCLÉE DE BROUWER S. A., 2025
Henao, 6 - 48009 Bilbao
www.edesclee.com
info@edesclee.com

Impreso en España – Printed in Spain
ISBN: 978-84-330-3956-9
Depósito Legal: BI-708-2025

A Ana, inocencia transparente,
generadora de confianza.

¿Quién es ese yo que, en nuestro interior, es un crítico severo, que es capaz de aterrorizarnos e impulsarnos a una actividad fútil y que, al final, nos juzga todavía más severamente por los errores a los que sus reproches nos condujeron?

—T. S. Eliot

La confianza es la base de la vida. Hay que tener un suelo por el que andar porque a veces la tierra física, la tierra psíquica, la tierra material se hunde bajo nuestros pies. Hay un suelo debajo del suelo, y este subsuelo es la confianza...

La confianza está siempre aquí, incluso cuando la pierdo no está muy lejos de mí. Cuando la pierdo sé que está en la habitación de al lado y que, tarde o temprano, la encontraré. Tener confianza en la vida es tener la intuición de que no se dañará a lo más querido y a aquello que no conseguimos ni nombrar. Hay que comprender que en lo profundo no estamos en peligro...

La confianza es la madre de todas las raíces: si la tienes, darás con todo el resto.

—Christian Bobin

El pecado es necesario, pero todo acabará bien, y todo acabará bien, y cualquier cosa, sea cual sea, acabará bien.

—Juliana de Norwich

Índice

Introducción: bajo el peso de la culpa

La culpa es una creencia errónea de efectos devastadores

Pocas cosas han hecho (hacen) tanto daño a la humanidad como la creencia generalizada en la culpa y en el castigo como medio de expiación de aquella. Pareciera como si, de forma premeditada, se hubieran conjugado factores de tipo psicológico, sociocultural y religioso para abonar, sostener y reforzar ambas creencias que, asumidas acríticamente, cumplen la función de sustentar y nutrir un sistema social radicalmente centrado en el ego.

Como resultado, la vida humana, tanto en su dimensión personal como en su dimensión social, queda envenenada de raíz, mientras las personas se ven introducidas en un laberinto de angustia, que se plasma y se proyecta en forma de juicio, condena, reproche, enfrentamiento...: castigo. Solo la liberación de aquella doble creencia hace posible reconocer nuestra inocencia original y vivir en confianza y en amor, hacia sí mismo y hacia todos y todo lo demás. La culpa y el castigo buscan sostener el sistema egoico en el que la humanidad se halla atrapada. Desenmascarar la mentira de esas creencias libera del miedo y de la angustia, amplía el horizonte, ensancha el corazón, recupera la confianza, hace saltar las barreras del laberinto mental que constriñe y nos permite reconocernos como vida que fluye y juega en libertad, como amor que encuentra plenitud y gozo en el hecho mismo de amar. Una vez más constatamos, por experiencia propia, que solo la comprensión libera.

Pocas cosas producen efectos tan devastadores en la vida de las personas como el mal llamado "sentimiento" de culpa. Digo mal llamado porque, hablando con rigor, la culpa no es un sentimiento sino una *creencia mental* que acusa constantemente con mensajes del tipo: "eres malo, en ti hay algo inadecuado o incorrecto, no estás a la altura, no mereces, has actuado mal y debes ser castigado, eres culpable"...

Como ha escrito Richard Schwartz, "la vergüenza [o culpa visual] es la carga más primitiva, aterradora, tóxica y motivadora de todas. ¿Por qué la vergüenza es tan poderosa? Porque cuando nos sentimos avergonzados [culpabilizados], creemos, en algún nivel, que no valemos nada"[1].

Detrás de cualquier peso que lastra la existencia de las personas es fácil encontrar siempre esa creencia culpabilizadora, que se experimenta en forma de sentimientos de pesadumbre, hundimiento y apatía, y que requiere, de un modo u otro, expiación y, por tanto, castigo.

Aunque con frecuencia resulte inconsciente al propio sujeto, me parece claro que, en la base de la depresión y del sufrimiento mental, habita siempre, aunque oculta, alguna creencia culposa.

1. R. Schwartz, *Prólogo* al libro de Martha Sweezy, *Internal Family Systems Therapy for Shame and Guilt*, Guilford Press, Nueva York 2023, p. IX. En ese libro, la autora distingue entre culpa (siempre referida a una acción: "he hecho algo malo") y vergüenza (como estado de ser: "soy malo"). Tal vez, en la práctica, la diferencia no sea tan importante: culpa y vergüenza, que otros definen como "culpa visual", se dan entrelazadas y requieren el mismo tratamiento.

Partimos, pues, de esta primera constatación: la culpa es una *creencia errónea* que conduce inexorablemente a la paralización y al hundimiento, al tiempo que instala a la persona en el autorreproche y la introduce en un peligroso bucle de escrúpulos. Y, sin embargo, a pesar de los efectos funestos que produce, solemos vivir culpándonos y culpando a los otros, repitiendo un programa o patrón mental, tempranamente aprendido y poderosamente grabado en nuestro psiquismo.

Analizaremos la *génesis* de esta creencia, los factores –educacionales, culturales y religiosos, así como la ignorancia espiritual– que la refuerzan, los *efectos* que produce y la *trampa* en la que se asienta, desde la *comprensión de lo que somos*, como vía para transitar el camino de la sabiduría –de la liberación–, que no es otro que el de la *confianza radical* que es expresión de la inocencia que somos.

Siempre que trato el tema de la culpa, me viene el recuerdo de una niña –convengamos en llamarla Silvia– que, con apenas siete años, se sentía, sin saberlo aún expresar, culpable de existir. No se me ocurre otro motivo que pese y agobie más a una persona que el sentimiento de que su existencia ha sido y sigue siendo un error.

“Mis papás serían más felices si yo no hubiera nacido”, me compartía aquella niña, presa del llanto y sin entender el motivo de su agobio y pesadumbre. En los niños ocurre así: al no entender las causas de su sufrimiento, leen su malestar en clave de culpa. Y las consecuencias aparecen de inmediato, envenenando su existencia. En el caso de Silvia se manifestaban en un marcado autorrechazo y un exagerado perfeccionismo, que corrían a la par con un sentimiento sordo de tristeza, así como de enfado y hostilidad latentes, siempre a punto de estallar[2].

De hecho, son *síntomas* característicos que nos permiten descubrir la culpabilidad inconsciente: una actitud hostil hacia sí mismo y hacia los otros –hacia el mundo– y una sobreexigencia desmedida que nunca alcanza –ni puede alcanzar– su objetivo. Por una parte, el autorrechazo es el castigo que la culpa conlleva: en la medida en que me atribuyo la causa de mi sufrimiento me estoy convirtiendo en mi propio enemigo, por lo que viviré hostilidad hacia mí. Por otra, la sobreexigencia o el perfeccionismo aparecen como la única salida posible para "reparar" la culpa y demostrar que me gano el derecho a existir, lo cual explica que culpa y perfeccionismo sean las dos caras de la misma moneda. Finalmente, el enfado o incluso la hostilidad hacia todo no es sino expresión automática del estado interior de frustración y del sufrimiento escondido.

Dado que, con frecuencia, el llamado sentimiento de culpa se inoculó en algún momento que ya escapa a nuestro recuerdo, no es extraño que la propia persona no sea consciente del mismo. Se sienten sus síntomas, en forma de pesadumbre y hundimiento, agobio y falta de ganas de vivir, perfeccionismo y sobreexigencia, escrúpulos y duda exagerada, pero la raíz permanece oculta. En ese caso, tal vez sea útil preguntarse cómo descubrir si se alberga algún sentimiento de culpa. Y, sin duda, la respuesta vendrá dada por el hecho de detectar –o no– los síntomas mencionados: cuando se prolonga el malestar interior acompañado de la falta de amor incondicional hacia sí, cuando se percibe enfado o reproche hacia uno mismo, cuando se mantiene

2. He relatado con detenimiento el caso de Silvia en *Psicología transpersonal para la vida cotidiana. Claves y recursos*, Desclée De Brouwer, Bilbao 2020, pp. 72-74.

una exigencia desproporcionada o un perfeccionismo que se manifiesta hasta en detalles insignificantes, así como cuando se vive una exigencia –en formas, a veces, sutiles– hacia los demás y una tendencia a culpabilizarlos siempre que –nos parece– no responden a lo que consideramos adecuado o correcto, cuando detectamos un movimiento interno a castigarnos o castigar a los otros, sin duda nos hallamos ante un sentimiento de culpabilidad no resuelto o incluso ni siquiera reconocido.

En un correo reciente, una mujer me comentaba su sorpresa al descubrir que, oculta de mil maneras, la culpa, sin embargo, se hallaba presente en prácticamente todo lo que vivía: "A veces –escribía– he sido consciente del trasfondo de culpa que yo añadía en algunas situaciones. Sin embargo, en este momento, me estoy haciendo consciente de que la culpa empaña prácticamente toda mi forma de actuar y vivir, lo cual para mí ha sido revelador: toda mi vida me he avergonzado de haber sentido que no fui una niña feliz y he ocultado esa vergüenza, sin ser consciente de que ahí estaba la culpa; me he sentido indigna y poco querida en mi familia, sin darme cuenta de que eso era culpa; he experimentado miedo a mostrarme, sobre todo, a mostrarme sensible y vulnerable; he vivido exigiéndome al máximo en todo, creyendo que así estaba dando lo mejor de mí..., y ahora atisbo que eso también tiene que ver con la culpa; he mantenido una gran exigencia hacia los que me rodean, en concreto hacia mi marido y mis dos hijos, sin ser consciente de que también está empañado por la culpa...".

En ocasiones el sujeto percibe la culpa como un peso que lo asfixia y paraliza, asociándola incluso a un hecho concreto y bien delimitado. En otras, sin embargo, la culpabilidad adopta unos matices más imprecisos e incluso nebulosos, si bien no por ello menos angustiantes, en forma de sensación difusa que permea toda la existencia, a la que tiñe de tonos oscuros. Y en otras, finalmente, ni siquiera se ha hecho consciente el habitualmente llamado sentimiento de culpa; sin embargo, resultan patentes los síntomas, mencionados anteriormente, que lo delatan. Se trata de una mezcla de tristeza y pesadumbre que con frecuencia desemboca en la apatía y la depresión.

El sentimiento de culpa, reconocido o no, supone un peso que fácilmente lastra toda la existencia, a la que colorea de tonos grises e incluso tenebrosos. La tristeza, el abatimiento y el autocastigo, cualquiera que sea la forma que adopten, muestran hasta dónde llega su poder destructor.

No es extraño que, ante el malestar experimentado, se activen mecanismos de defensa que intenten paliar aquellas sensaciones desagradables. Entre ellos, suelen ser habituales la sobreexigencia, el perfeccionismo, el activismo –incluso en forma de compromiso social o político–, la compensación, el aturdimiento, la huida en forma de adicciones, la rigidez, la exigencia hacia los demás, la culpabilización de los otros…

A través de esos mecanismos se busca, consciente o inconscientemente, aliviar el peso de una culpa que llega a resultar insoportable. Eso explica que la persona se embarque en un perfeccionismo extenuante y pueda vivir una desmesurada exigencia como reparación inconsciente de no sabe bien qué. O que se lance a un activismo exagerado que, a la vez que la distrae del malestar interior, pareciera otorgarle "méritos" que le garantizarían el reconocimiento de su valor ante sí misma y ante los demás; en concreto, en este campo, la pasión por el compromiso puede constituir un terreno especialmente adecuado para obtener aquel *doble objetivo: expiación y reconocimiento.* Lo cual explicaría la presencia de la rigidez, tanto en el perfeccionismo como en el activismo y, en concreto, en la forma de vivir el compromiso. La rigidez, en efecto, es un síntoma que delata dolor e inseguridad, signos ambos de culpabilidad oculta.

En una dirección diferente, pero con la misma finalidad, tal vez la persona entre en un camino de búsqueda de compensaciones de todo tipo, como placebos que pretenden calmar la ansiedad, o de comportamientos que distraigan e incluso aturdan como si buscara que el "ruido", de cualquier tipo que fuese, silenciara aquella insistente y perturbadora voz interior que origina y mantiene tanto sufrimiento.

Si bien los mecanismos nombrados se centran en el propio sujeto, con frecuencia se activan otros que ponen el foco en los demás, en forma de exigencia desmedida o de culpabilización. Tales actitudes se explican fácilmente si se tiene en cuenta que una persona no puede vivir un "peso" interior no resuelto –y mientras sea inconsciente le será imposible resolverlo– sin proyectarlo, de un modo u otro, a quienes encuentre a su lado. Así, *la autoexigencia generará exigencia desmedida hacia los demás* y la (oculta) culpabilidad se proyectará culpabilizando a otros, aun sin ser conscientes de lo que se busca con ello, que no es otra cosa que aliviar la carga o el peso que se mantiene en uno mismo por la creencia, tan escondida como errónea, de ser inadecuado.

Ahora bien, a pesar de lo que prometen, los diferentes mecanismos que pueden llegar a activarse terminan complicando la vivencia de la persona, al dar lugar a actitudes y comportamientos igualmente desajustados y, por tanto, generadores de más confusión y más sufrimiento. Pero no se hallará salida de semejante laberinto sino por el único camino que conduce a la liberación: el reconocimiento de la propia verdad. O, con más precisión, la comprensión de lo que se vive y de la trampa en que se permanece atrapado.

Me parece evidente que, dado que la culpabilidad es una creencia errónea, *la liberación de la misma solo puede venir de la mano de la comprensión*, al poner luz en el engaño. Ahora bien, afirmar el lugar decisivo de la comprensión no niega la necesidad de un trabajo psicológico o incluso terapéutico, según los casos, para sanar aquella herida antigua en la que germinó la creencia culpabilizadora o para desanudar los bloqueos donde pudimos quedar atrapados.

Todo ello forma parte de la comprensión que necesitamos para liberarnos de una de las peores losas que, lastrando con el miedo toda la existencia de la persona, impide vivir con libertad, confianza y gozo. Y a ello quiere contribuir este escrito, ofreciendo pistas que permitan comprender el fenómeno de la culpa, desde su génesis hasta sus efectos, para desenmascarar su engaño y poner luz en la oscuridad que le sirve de coartada. Deseo de corazón que el desenmascaramiento de la doble creencia –en la culpa y en el castigo– permita abrirnos a la inocencia que somos, para reconocernos y vivir en ella.

1

La génesis: ¿cómo nace la culpa?

Así como la confusión y el sufrimiento mental son siempre hijos de la ignorancia, la liberación únicamente puede venir de la mano de la comprensión. Me parece obligado, por tanto, empezar por entender *cómo nace* la culpa, es decir, la manera como se hace presente en la conciencia de las personas.

Entendida la culpa como una creencia errónea, que se asienta sobre la base de que hay algo en nosotros que es, en sí mismo, incorrecto, inadecuado o defectuoso, la pregunta que surge espontánea es simple: ¿a qué se debe que tal creencia se instale de manera tan rígida en la conciencia humana?

Para responder a esa cuestión, que nos llevará a comprender su génesis, podemos dirigir la mirada, tanto a la especie humana en su conjunto, como al individuo particular. Si la ontogénesis reproduce la filogénesis, podremos advertir hasta qué punto lo vivido por la especie en su conjunto reaparece, en cierto modo, en la vivencia de cada sujeto individual.

En la especie humana

En cuanto creencia, el llamado sentimiento de culpa nace con la mente. Anterior a esta, no había cosas "buenas" o "malas", ni creencias de ningún tipo; simplemente, las cosas eran lo que eran.

Según los estudiosos, la emergencia de la mente, tal como hoy la conocemos, ocurrió hace aproximadamente cien mil años –algunos historiadores sitúan la llamada revolución cognitiva hace apenas setenta mil–, en un tiempo absolutamente reciente si tenemos en cuenta el origen del universo conocido, tras el Big Bang, que habría sucedido hace unos trece mil setecientos millones de años.

Con la mente nació lo que llamamos autoconsciencia, es decir, el yo. Si este último no es otra cosa que la mente apropiándose de sus propios contenidos mentales, parece evidente que el nacimiento de ambos ocurre exactamente en el mismo instante: emerge la mente, nace el yo.

Ahora bien, *donde hay yo –en cuanto consciencia (que se cree) "separada"–, hay soledad, miedo y ansiedad*, sentimientos que en los animales carecen de continuidad. Parece innegable que ellos puedan experimentarlos, pero solo de manera puntual en tanto en cuanto permanece el estímulo que los provoca. Desaparecido el estímulo, se desvanece el sentimiento.

En los humanos, por el contrario, no sucede así. La autoconsciencia o consciencia del yo –en cuanto capacidad también de construir mundos imaginarios– introduce al individuo en un estado habitual de soledad, miedo y ansiedad, por el simple hecho de que la mente le hace ser consciente de sí mismo y, lo que es más decisivo, de sí mismo como carencia, limitación y vulnerabilidad.

Podemos imaginar qué experimentaría aquel "primer humano" que un buen día, en el alba de la autoconsciencia, se sintió sorprendido por aquella pregunta que, a partir de ese momento, habría de acompañarlo para siempre: "*¿qué soy yo?*". Había nacido la consciencia-de-sí y, con ella, los sentimientos citados. ¿Cuál sería su lectura de lo ocurrido?

Probablemente, tal lectura giraría en torno a un doble eje: por un lado, la sensación de haber perdido el "paraíso" anterior en el que no existía todo el sufrimiento mental que ahora empezaban a padecer; por el otro, la idea de que tal pérdida, con el consiguiente sufrimiento, era consecuencia de un castigo provocado por alguna culpa de ellos mismos. Parece coherente pensar que, tal como sucede con el niño en la etapa del llamado narcisismo infantil y debido precisamente a la mirada autorreferencial que en esa etapa se genera, los primeros humanos se consideraran a sí mismos como los causantes del malestar que experimentaban. A partir de ese momento, aparecen dos sensaciones que los van a acompañar a lo largo de su recorrido histórico; entrelazadas con la culpa, se sintetizan en dos términos: *pérdida* y *castigo*.

Aquella lectura contenía una parte de verdad –habían perdido un paraíso–, pero encerraba igualmente dos errores de bulto: en primer lugar, consideraron tal pérdida como un retroceso o incluso como una "caída", siendo así que lo ocurrido era bien diferente: se había perdido solo el "paraíso animal" debido precisamente al impensable salto cualitativo que supuso la emergencia de la mente. No fue, por tanto, ninguna caída, sino un ascenso antes inimaginado.

En segundo lugar, en tal ascenso no hubo culpa alguna ni tampoco castigo por parte de alguna divinidad airada a la que se hubiera desobedecido. Todo se debía, simplemente, al hecho de que había nacido la capacidad de pensar, razonar y ref-lexionar. Y dado que la separatividad –como la apropiación y la objetivación– pertenece a la naturaleza misma de la mente, al analizar la realidad desde ella, no pudieron ver algo distinto a lo que vieron: soledad, miedo, ansiedad... y culpa.

Me parece que la lectura simbólica del mito del paraíso perdido nos conduce a la misma conclusión. En el relato bíblico, tal como aparece en el inicio del libro del *Génesis*, se conjugan todos esos datos, ahora de una forma ordenada: mandato divino – desobediencia – culpa – castigo – pérdida del paraíso y consecuencias dolorosas: "comer el pan con el sudor de la frente" y "parir hijos con dolor"... Y se menciona, además, otro elemento sumamente significativo: "El Señor Dios hizo brotar... el árbol del conocimiento del bien y del mal" (Gen 2,9).

Con tal afirmación se está constatando otra consecuencia inexorable de la emergencia de la mente: la *dualidad*. La realidad es no-dual –la fuente o el fondo de todo lo existente es solo uno–, pero la lectura que la mente hace, por su propia naturaleza, es siempre dualista[1]. Acierta, por tanto, el texto al afirmar que, con ella, nace el "conocimiento del bien y del mal". Anterior a la mente no existía el bien ni el mal; todo, sencillamente, era. Lo que juzgamos como bueno o malo no son sino etiquetas mentales que la razón sobreimpone a las cosas, a los acontecimientos y a las personas[2]. No se niega que tengan su

1. Dado que pensar requiere separar (delimitar) y objetivar, resulta inevitable que la mente perciba todo lo pensado como objeto separado del resto. A partir de ahí, saca la conclusión errónea de la dualidad, entendiendo la realidad –según lo que ella puede ver– como una suma de objetos separados.
2. En principio, para la mente, será "bueno" aquello que sostenga, alimente y fortalezca al yo, mientras verá como "malo" aquello que lo amenace o lo ponga en peligro.

razón de ser en el estado de consciencia mental –en el nivel de las formas o de lo aparente–, pero se desnuda su pretendido carácter absoluto, al reconocer que, más allá de la lectura de la propia mente, todo, simplemente, es. Y todo es Bien.

En síntesis, *tanto la culpa como la dualidad son hijas directas de la mente.* Y mientras se mantenga la identificación con la mente y con la lectura que nace de ella, mientras se asuma como único válido el modelo mental de cognición, aquellas dos perdurarán.

Desde la comprensión que permite nuestra perspectiva, parece claro que el mito del pecado original no tiene nada de "pecado", sino que más bien apunta a lo que podemos considerar como el "error original" –así lo entendía, en el siglo XIII, el místico cristiano Maestro Eckhart–, en cuanto origen de nuestra confusión y sufrimiento. Tal error no es otro que el de ignorar nuestra verdadera identidad y creernos ser un yo separado. Y se debe a la absolutización de la mente, cuya emergencia subyugó a nuestra especie, hasta el punto de leer todo lo real desde su estrecha perspectiva. Y produjo una consecuencia dramática, en la que todavía nos encontramos atrapados: hizo que nos tomáramos por lo que no somos (un yo separado), desconectando de lo que realmente somos (la consciencia una). ¿Cómo no íbamos de experimentar soledad, miedo, ansiedad... y culpa?

Así habría nacido el sentimiento de culpa en la especie humana. Ahora bien, ya que he hecho alusión al mito bíblico, me parece oportuno abrir un paréntesis para referirme a una creencia que, apoyándose presuntamente en aquella narración, ha dado lugar a una doctrina sumamente culpabilizadora, engañosa y nociva: aquella que habla del "pecado original" y, en consecuencia, de la necesidad de "expiación".

Una creencia culpabilizadora: la doctrina del “pecado original”

Durante siglos, la conciencia de quienes crecieron en el ámbito cristiano se vio impregnada por una creencia, asumida literalmente, que contenía una poderosa carga de temor y de angustia. Creencia que llegaría a inocularse profundamente en el imaginario colectivo, dando lugar a toda una antropología pesimista que, en la práctica, situaría al pecado y la culpa en el centro de la propia vivencia religiosa.

Sin embargo, tal creencia no se encuentra en el relato bíblico ni tampoco en el mensaje evangélico. Habría empezado a tomar cuerpo a partir del siglo II, de la mano de Ireneo de Lyon –sobre la base de algunos textos de las cartas de Pablo–, para quedar fijada en el concilio de Cartago (año 397), por influjo directo de san Agustín (354-430).

Agustín de Hipona provenía del maniqueísmo, doctrina filosófica para la que el mundo constituía un campo de batalla entre dos fuerzas antagónicas e igualmente poderosas: el bien y el mal. Alineado con esta corriente filosófica, una vez convertido al cristianismo, el autor de las famosas *Confesiones* hizo una relectura de su nueva fe, en gran medida, bajo el prisma del extremo dualismo maniqueo del que provenía.

De ese modo, y en contra de lo que suele ser una afirmación central y radical de las grandes tradiciones sapienciales –la orientación genuina del ser humano hacia el bien–, la doctrina agustiniana desdibujaba el optimismo que había aparecido en el libro del *Génesis*, donde se afirmaba que “todo era muy bueno” y acentuaba el dato de la “pecaminosidad universal”, supuestamente heredada de nuestros “primeros padres” y transmitida de generación en generación. La insistencia en aquella pecaminosidad hizo que se llegara a admitir en la iglesia, de forma generalizada, que solo el bautismo era capaz de borrar aquel "primer pecado" de Adán y Eva. Hasta el punto de que, de no ser bautizado, un niño recién nacido no podría participar del cielo, sino que habría de pasar la eternidad en el llamado "limbo", un lugar sin sufrimiento, pero alejado de Dios.

Las consecuencias de este posicionamiento son decisivas. En primer lugar, aleja al cristianismo establecido de lo que constituye un signo claro en las grandes tradiciones sapienciales, cuando afirman que el ser humano se halla constitutivamente orientado hacia el bien, y que el mal es solo fruto de la ignorancia (inconsciencia), tal como aparece incluso en el propio evangelio cuando, refiriéndose a sus propios torturadores, Jesús exclama: *"Padre, perdónalos, porque* no saben *lo que hacen"* (Lc 23,34).

En segundo lugar, y aunque de forma imprevista, aquella doctrina introdujo un marcado pesimismo antropológico, al contener en su seno la afirmación de que todos nacemos culpables. A partir de aquí, se hizo caer sobre toda la humanidad –considerada *"massa damnata"* o "masa corrompida o condenada" (san Agustín) desde su mismo origen– el estigma de una culpabilidad universal, que negaba en la práctica la inocencia original del ser humano.

En tercer lugar, la doctrina del pecado original transmite la imagen de un Dios ofendido que sigue castigando a sus hijos inocentes por una culpa que habría cometido la primera pareja de humanos. De ese modo, la lectura del llamado pecado original en clave, no simbólica –como ignorancia–, sino literal –como culpa–, lastró de manera radical el núcleo mismo del cristianismo, al entender la existencia y, sobre todo, la muerte de Jesús como "expiación" o "redención" de aquella primera culpa.

No es extraño que, con el paso del tiempo, en el imaginario colectivo, se asentara la imagen de un dios más o menos sádico. Aparte de esa imagen radicalmente falseada, tal doctrina generó también sentimientos de culpa y de angustia que atrofiaron la vida de innumerables personas durante siglos.

Finalmente, en paralelo, tal concepción antropológica daría lugar a una actitud proclive a la culpabilización fácil, que podría formularse de este modo: toda persona que hace el mal, elige hacerlo porque es mala. Como veremos más adelante, lo que se contiene en semejante afirmación llegó a convertirse en una especie de presupuesto acríticamente aceptado, sin reparar en la falsedad en que se apoyaba: la creencia de que todo ser humano venía a este mundo como pecador, es decir, lastrado por un peso pecaminoso que lo inclinaba radicalmente hacia el mal. Por todo ello, me parece ajustado afirmar que el mayor daño que ha hecho el cristianismo en Occidente ha sido la inoculación masiva del sentimiento de culpa –y su derivado: el castigo como expiación–, con todo lo que eso lleva aparejado.

Al dar por sentado que el ser humano se sentía orientado hacia el mal, como consecuencia de aquel primer pecado de origen, no se vieron sus acciones dañinas como lo que son en realidad –fruto de la ignorancia–, sino como consecuencia de su propia maldad. En la práctica, esta visión culpabilizadora de la persona, sirvió también como excusa perfecta para proyectar en los otros la propia culpabilidad no resuelta, así como para alentar de manera desmedida la *creencia en la necesidad del castigo.*

Al hablar de ignorancia, no me refiero lógicamente a su acepción más vulgar, en el sentido de que la persona no supiera que está haciendo daño a alguien. Ignorancia o inconsciencia –volveré sobre ello detenidamente en el capítulo 3– significa que, aun estando constitutivamente orientados hacia el bien, podemos hacer lecturas de la realidad que nos confunden, hasta el punto de optar por algo que es nocivo para uno mismo o perjudicial para los demás. Tal ignorancia no niega nuestra orientación hacia el bien; lo que muestra es hasta qué punto, como consecuencia de diferentes condicionamientos –genéticos, psicológicos, educacionales, sociales...–, funcionamos con representaciones (o mapas) mentales de la realidad totalmente erróneos. Son estos mapas los que orientan nuestra acción en una dirección equivocada, al hacernos creer que es bueno para nosotros lo que, objetivamente, no lo es en absoluto.

Visto desde este ángulo, el mal no es sino consecuencia y resultado de nuestra percepción errónea, es decir, de una ignorancia que puede alcanzar diversas intensidades, llegando en algunos casos a extremos patológicos.

En el origen de toda lectura equivocada no es difícil encontrar la que puede designarse como ignorancia básica o radical: aquella que nos hace identificarnos con nuestro yo particular, instalándonos en una rígida consciencia de separatividad. En efecto, una vez asumida la creencia de ser un yo separado, el resultado no podrá ser otro que el de una existencia egocentrada, y las representaciones mentales estarán marcadas por ese sesgo egoico. Sin haberlo pretendido de un modo consciente, habré llegado a funcionar creyendo que es "bueno" aquello que sea bueno-para-mí (en cuanto ego o yo separado). ¿Cabe ignorancia mayor?

Decía más arriba que el error de perspectiva provocado por la creencia que atribuye el mal a una maldad innata en el ser humano intensifica el sentimiento de culpabilidad en uno mismo y, de rebote, potencia el mecanismo de proyección, por el que, en un intento de aliviar el malestar propio, se culpabiliza a los otros, viendo maldad por doquier. El resultado es descorazonador: en lugar de una mirada que comprende y *dis-culpa* –porque sabe que todo es consecuencia de la ignorancia o ceguera mental y ética–, campa a sus anchas aquella otra que juzga y condena con demasiada prisa y facilidad. Parece claro que asumir la creencia de la culpabilidad no nos convierte en mejores personas, sino que nos predispone a adoptar actitudes condenatorias.

Vista desde hoy, la doctrina del pecado original resulta insostenible. La confusión surgió únicamente porque se asumió como histórico lo que era sencillamente un relato mítico –la narración del paraíso, que se tomaría como base para justificar el llamado "pecado original"–. Pero Adán y Eva –*Adam* ("hecho de tierra") y *Javá* ("dadora de vida")– no fueron personas históricas, sino símbolos o imágenes de todo ser humano. ¿Quiénes podrían haber sido aquellos primeros humanos u homínidos que, dentro de un proceso evolutivo, habrían desobedecido por primera vez a un dios que les habría propuesto una norma por otro lado sumamente arbitraria?

Aun comprendiendo que tales afirmaciones pudieran ser aceptadas sin problema desde un nivel de consciencia mítico, hoy nos resulta evidente que no existió ningún pecado original –aunque nuestros antepasados así leyeran lo ocurrido–, sino la emergencia de la mente que, al experimentar el sufrimiento y querer racionalizarlo, encontró ahí la explicación para dar razón de su sentimiento de culpabilidad[3].

3. Toda esta cuestión del "pecado original" se halla indisolublemente unida, dentro del credo cristiano, a la llamada "doctrina de la expiación", por cuanto Jesucristo habría sido enviado por Dios para liberarnos de aquel primer pecado para, gracias a su muerte en cruz, obtenernos, así se decía, la "reconciliación con Dios". Para toda esta cuestión, E. Martínez Lozano, *¿Qué Dios y qué salvación? Claves para entender el cambio religioso*, Desclée De Brouwer, Bilbao 2008; ID., *¿Qué decimos cuando decimos el Credo?*

En el individuo particular

Parece claro que, al igual que ocurrió en la especie, en el individuo humano la culpa hace acto de presencia desde muy temprano, a partir de las primeras experiencias vividas en la infancia.

Sin duda, el incipiente sentimiento de culpa va asociado a la ambivalencia afectiva que experimenta el niño frente a las figuras parentales: el amor-odio que siente, tanto hacia la madre como hacia el padre, en función de que estos respondan o no a sus deseos; aquella ambivalencia puede entenderse todavía mejor si tenemos en cuenta que el niño puede ver a sus padres, simultáneamente, bien como objetos de admiración y modelos de identificación, bien –en el caso de la figura paterna– como

Una lectura no-dual, Desclée De Brouwer, Bilbao 2012; ID., *Cristianos más allá de la religión. Cristianismo y no-dualidad*, PPC, Madrid 2015. No cabe duda de que la misma lectura de la cruz, tal como se presentaba habitualmente en la catequesis y la predicación cristiana, agudizó y extendió el sentimiento de culpabilidad, dado que, según aquella doctrina, Jesucristo habría muerto en la cruz *"por culpa de nuestros pecados"*. Todo ser humano nacía, en consecuencia, "pecador" y culpable nada menos que de la muerte del Hijo de Dios. No es extraño que tales creencias, que llegaron a formar parte del imaginario colectivo, produjeran efectos demoledores en infinidad de personas, agobiadas bajo el peso de la culpa y atrapadas en la angustia, bajo la amenaza de padecer una condena eterna en el infierno. Lo que sorprende es que, una vez comprendido el carácter mítico del relato del mal llamado pecado original, no se haya desmontado aquella lectura de la muerte de Jesús en clave de "expiación". Parece faltar libertad y osadía para reconocer, sencillamente, que no hubo pecado original –a no ser que se entienda como ignorancia acerca de nuestra identidad, en línea con la interpretación del Maestro Eckhart– y, por tanto, no hubo tampoco expiación, entendida como liberación de una culpa colectiva. Si el llamado pecado original fue simplemente ignorancia –o no comprensión de lo que somos–, la llamada expiación no puede entenderse sino como comprensión de nuestra verdad más profunda. Seguir entendiendo el dogma de la redención como rescate de una culpa, al precio de la sangre de Cristo, constituye hoy una creencia completamente inasumible para la conciencia contemporánea.

rival que lo frustra o que interfiere en la relación fusional y exclusiva que se desea mantener con la figura materna.

La percepción en sí mismo de tal ambivalencia generaría en el niño un primer sentimiento de culpa, que posteriormente puede ser fácilmente reforzado por otros factores. Entre ellos, ocupa un lugar destacado el propio sufrimiento emocional del niño, como consecuencia de ver frustrada su necesidad de reconocimiento, aceptación o seguridad.

Debido al mismo narcisismo infantil, el niño tiende a pensar que todo sufrimiento que experimenta tiene la causa en él mismo. No lo atribuye a los demás –de quienes, entre otras cosas, depende nada menos que su seguridad–, sino que terminará convencido de que hay "algo" en él que motiva justamente el no reconocimiento o incluso el rechazo que percibe.

Esta es la razón que explica la extrema vulnerabilidad del niño, así como la facilidad con que el sentimiento de culpa se inocula en él. En concreto, basta que el niño no se sienta tocado, mirado, tenido en cuenta..., para que, de modo automático, llegue a la conclusión de que hay en él algo que produce rechazo. Con lo cual, venimos a ratificar algo que intuíamos: en la génesis del llamado sentimiento de culpa hay siempre dolor, en mayor o menor intensidad, pero se formula y se graba en el niño en forma de creencia mental: "sufro... porque no soy adecuado, porque algo en mí no es correcto".

Si su propio sufrimiento le genera culpa –"no cuento para nadie, soy indigno y nunca podré dar la talla"–, esta se intensifica hasta el extremo cuando se producen actos expresos en forma de comparación con otros, desvalorización, exigencia desmedida o desproporcionada para su edad, culpabilización explícita, malos tratos, abusos... Todo ello provoca, agudiza y cronifica aquella creencia que lleva al niño a dudar de sí mismo –creyendo ser erróneo, incorrecto, malo, sucio, defectuoso...–, abocándolo incluso a un sentimiento de indignidad y vergüenza tóxica, capaz de envenenar toda su existencia.

En la génesis de la culpa, como en cualquier aspecto que deja su huella indeleble en la infancia, juega un papel decisivo el llamado modelaje. Más allá de todo aquello que le hace sufrir en soledad, el niño puede adoptar un sentimiento culposo –así como entrar en un camino de sobreexigencia y perfeccionismo– por imitación de sus cuidadores primarios. Si estos viven habitualmente culpabilización, el niño asumirá de manera natural que ese es el comportamiento correcto.

El sentimiento de culpa va de la mano con la creencia en la propia indignidad. Y en el momento mismo en que aparecen, ambos sentimientos bloquean, respectivamente, la percepción de la propia bondad y del propio valor. El niño queda sin tierra firme en la que hacer pie, lastrado por una herida de inseguridad afectiva, que mermará su confianza básica en la vida. Al mismo tiempo, más allá incluso del mero nivel psicológico, hará que desconecte de aquello que constituye su identidad profunda: la Bondad incondicional e incondicionada, la Inocencia original. Con lo cual, se produce en el niño, no solo una herida emocional –que será necesario sanar más adelante–, sino un vacío ontológico, como consecuencia de haber crecido desconectado de su Fondo original de Verdad, Bondad y Belleza. Alienado de su verdadera identidad y tratando de mantener un equilibrio siempre inestable, el niño pondrá en marcha diferentes mecanismos de defensa con los que intentar sobrevivir.

Entre ellos, al lado de adicciones y mecanismos compensatorios de todo tipo, es probable que ocupe un lugar destacado el perfeccionismo o la sobreexigencia. A través de él, tratará de demostrar su valor y conquistar su "derecho" a ser aceptado y valorado, embarcándose así en una tarea agotadora y siempre insatisfactoria –por cuanto el horizonte perfeccionista es por definición inalcanzable–, de manera que nunca logrará llenar la sensación de carencia o de indignidad provocada por la culpa.

La comprensión de la génesis de la culpa pone de relieve el modo como se entrelazan estos dos fenómenos: *culpa y perfeccionismo* –como ya señalé en la introducción– *constituyen las dos caras de la misma moneda.* Por esa razón, una actitud perfeccionista o sobreexigente, que podemos percibir con más facilidad, pondrá de manifiesto la existencia de un sentimiento de culpa con frecuencia oculto, reprimido o incluso desconocido para nosotros mismos hasta ese momento.

Pero aquella comprensión nos aporta otro importante elemento: los *vínculos estrechos de la culpa con el poder.* Las sensaciones derivadas del sentimiento de culpa resultan tan insoportables que la persona estaría dispuesta a pagar cualquier precio con tal de verse libre de ellas. Esto parece saberlo bien el poder de todo tipo cuando busca lograr que sus "súbditos" se sientan culpables si desobedecen sus indicaciones. La culpa ha jugado (juega) un papel decisivo en las instituciones religiosas, pero igualmente en otros ámbitos y en colectivos de todo tipo, incluyendo en ellos a la propia familia, donde los padres tienden a lograr la obediencia a través de, aun con la mejor intención, culpabilizar a los hijos que no hacen lo que les exigen: "Si no haces eso, mamá (o papá) no te querrá".

En síntesis, la culpa nace con la mente –y su capacidad de etiquetar–, en el contexto de sentimientos dolorosos de soledad, miedo, frustración... Ese simple hecho nos muestra que lo decisivo de la misma se juega en una creencia, por la que la persona se percibe a sí misma como inadecuada, indigna o, en contextos religiosos, "pecadora".

Tal creencia es generadora de sentimientos sumamente dolorosos, como escrúpulos, angustia, agobio, indignidad, desvalorización radical, hundimiento..., que fácilmente cierran la puerta incluso a la mera posibilidad de superarlos. Todos ellos nos están mostrando los efectos que la culpa genera en la persona.

2

Los efectos: desolación y hundimiento

Tal como ha quedado dicho, la culpa –y la indignidad que lleva aparejada– bloquean la percepción de la propia bondad –y del propio valor–, por lo que hacen imposible la construcción de una personalidad psicológicamente sana y armoniosa.

La no percepción del propio valor y de la propia bondad produce un doble efecto, en cada uno de los niveles de la persona: *en el psicológico*, provoca una sensación de inseguridad radical; *en el profundo (o espiritual)*, hace que la persona desconecte de lo que realmente es y se instale en la ignorancia acerca de su verdadera identidad.

Bajo el peso de la culpa es imposible mantener la alegría de vivir. Más bien al contrario, su presencia persistente e insidiosa carcome toda seguridad y confianza, manteniendo a la persona en una situación de desolación –literalmente, "sin suelo"– y hundimiento.

Tal vez, lo más característico de la culpa sea precisamente la insidia, como amenaza constante que deja a la persona sin recursos, saboteando y boicoteando cualquier intención o propósito. En consecuencia, la creencia en la propia culpa hunde a la persona en un abismo de tristeza, apatía y autorreproche que parecen no tener fin. No es extraño que la culpabilización conduzca fácilmente a la depresión y, en algunos casos, al suicidio.

Autorreproche, miedo y castigo

La culpa trae autorreproche, miedo y castigo. Apenas instalada la creencia de ser culpable, se alza amenazante una voz interna de reproche que se alimenta por el hecho mismo de ser creída. Se trata de una voz reiterativa y presta a gritar amenazadoramente en cuanto se infringe cualquier código previamente internalizado.

El autorreproche reproduce la voz del superego. En su origen hubo, sin duda, alguna "autoridad" rígida, en la que solo se percibió exigencia y frente a la que se vivió la amenaza de no ser aceptado. Sin embargo, una vez internalizada, ya no es necesaria ninguna autoridad externa para que el sujeto siga reprochándose a sí mismo lo que su mente juzga como culposo, blandiendo también aquella misma amenaza de soledad de antaño.

Siempre que se ha considerado el error como culpa, se han producido esos efectos. Cuando el niño, en lugar de comprensión, recibió condena, se vio forzado a dudar de sí mismo y obligado a recriminarse cada vez que su mente leyera cualquier comportamiento como "equivocación".

El amor incondicional no justifica el error y tampoco cae en un buenismo condescendiente. Más bien al contrario, es lúcido y sabe ser firme. Pero la firmeza no tiene nada que ver con la condena, de la misma manera que la comprensión no es justificación. El amor genuino combina adecuadamente la firmeza con la comprensión y la acogida incondicional. Gracias a ello, la persona puede sentirse cuestionada pero nunca rechazada. A partir de ahí, podrá anidar en ella un sentido de la responsabilidad frente a sus propios actos, pero no un sentimiento de culpabilidad. El primero es sano y potencia el crecimiento; el segundo es patológico y patógeno.

Es patológico por ser radicalmente erróneo. En realidad, todo pensamiento que genera sufrimiento es un pensamiento erróneo. No hablo de dolor –en cuanto realidad neutra, aunque desagradable, que forma parte inexorable de toda existencia impermanente–, sino del sufrimiento (mental) que se deriva de nuestra resistencia a lo que es o de la lectura que nuestra mente hace sobre lo que debería ser. En este sentido, me parece obvio que todo sufrimiento nace de una creencia equivocada. El motivo es fácil de comprender: *sufrimos en tanto en cuanto nos des-alineamos de lo Real*, es decir, al alienarnos de nuestra verdadera identidad: *desalinearse de lo real equivale a alienarse de lo que somos*. Ahora bien, esa percepción que nos hace considerarnos separados de lo Real es ya en sí misma errada. Por lo tanto, cualquier pensamiento que se apoye en ella participará del mismo equívoco de partida.

Dicho en positivo, eso significa que basta con modificar el pensamiento o la creencia erróneos para que podamos liberarnos del sufrimiento. Podrá quedar dolor, pero el sufrimiento se desvanecerá.

Por lo tanto, en cuanto genera sufrimiento, el sentimiento de culpa es necesariamente patológico, es decir, una creencia mental que se apoya en un error básico de percepción.

Pero no es solo patológico, sino también patógeno, es decir, creador de sufrimiento e incluso enfermedad. Porque donde hay culpa habrá miedo y castigo.

La culpa mina de raíz la confianza en sí mismo. En su lugar aparece el miedo. Puede incluso que no sea miedo a algo concreto, sino más bien difuso y, sin embargo, generalizado. Y el miedo –se sabe bien cuando se ha padecido– dificulta moverse con soltura, vivir en descanso, mantener relaciones serenas y disfrutar de la alegría de vivir.

La culpa destruye la confianza en el doble nivel de nuestra realidad: porque, por un lado, introduce la duda sobre uno mismo y su propia valía y, por otro, nos desconecta de nuestra Bondad originaria. Quedamos así desconcertados y confundidos.

Puesto que no se puede vivir permanentemente en el miedo, la persona intentará protegerse a través de cualquier mecanismo defensivo, exigiéndose, simulando, agradando..., pero no tardará en descubrir que está conviviendo con un ser que boicotea sus mejores aspiraciones.

El boicot es, ciertamente, una forma de castigo. Y el castigo aparece siempre unido a la culpa. Ambos coexisten como modo de asegurar el "equilibrio" de nuestro inconsciente, lo cual explica que siempre que, siendo o no conscientes de ello, alimentamos la creencia de que somos culpables, nuestro inconsciente hallará la manera de castigarnos por ello, "eligiendo" de entre un abanico de posibilidades que van desde un estado habitual de tristeza hasta una enfermedad psicosomática.

El castigo se levantará en la medida en que desenmascaremos la falsedad de la culpa que lo sostenía. Será la comprensión adecuada –nos centraremos en ella en el capítulo 4– la que, mostrando el error de la culpa, nos libere igualmente de sus amenazas, del miedo y de todo tipo de castigo, anclándonos en la confianza, que es una con nuestra identidad más profunda.

Hundimiento

Toda culpa, incluso aquella que permanece oculta para el propio individuo, conduce al hundimiento. Quien se siente radicalmente indigno, ¿cómo podría mantenerse en pie?; quien se cree inadecuado, ¿cómo podría vivir con gozo? La culpa –en definitiva, la creencia de no ser adecuado– constituye una losa que, a pesar del dinamismo de la vida que sigue empujando, produce en el individuo una sensación de agotamiento que, antes o después, le hará claudicar o apenas sobrevivir.

El sentimiento de indignidad, una vez inoculado en el individuo, aunque quede olvidado y enterrado en lo más profundo del inconsciente, sigue activo, manifestándose en síntomas dolorosos –para el propio interesado y para quienes se relacionen con él– y contaminando, en mayor o menor medida, toda su existencia. Tal vez no se lo confiese nunca a sí mismo de una manera explícita, pero algo en su interior le hará sentirse no digno de existir, sin derecho a ser feliz y doblado bajo el peso de una supuesta "deuda" contraída por algún "mal" cometido. Quien experimenta así la culpa no es extraño que contemple toda su existencia como el esfuerzo sin descanso por saldar aquella supuesta cuenta pendiente. Y es precisamente esta clave la que permite comprender una gran parte del sufrimiento humano, así como un sinfín de comportamientos repetitivos, aparentemente confusos y sin sentido. Sin embargo, con aquella clave, podemos captar su significado: son actos con los que la persona trata de paliar, compensar, negar o exorcizar una culpa de la que en ocasiones ni siquiera es consciente y que, sin embargo, no le da tregua.

El hundimiento es lo opuesto a la movilización genuina. Al analizar la diferencia entre culpabilidad y responsabilidad, en el capítulo 4, habremos de volver sobre ello. Con todo, se puede ya avanzar que, así como la responsabilidad –que incluye la aceptación de lo ocurrido en todos sus extremos– siempre moviliza, el sentimiento de culpa paraliza y hunde. Deja a la persona sin resortes, porque aplasta la misma vitalidad, la energía y el gozo que brotan espontáneamente de la inocencia.

El hundimiento llega a su extremo más agudo porque el sentimiento de culpa –la creencia en la propia maldad y/o indignidad– nos hace desconectar de nuestra verdadera identidad manteniéndonos en una idea radicalmente equivocada acerca de quienes realmente somos.

La culpa hace que nos veamos como seres separados, malos –en lenguaje religioso, pecadores– e incluso potencialmente peligrosos. Un concepto de nosotros mismos que va acompañado de sentimientos agudamente dolorosos, así como de pensamientos negativos, que terminaremos proyectando sobre toda la realidad y la misma vida. De ahí que, mientras permanezcamos en aquella creencia, no hay salida posible de ese negro laberinto.

Es solo la comprensión la que, aceptando la forma (persona) particular en la que temporalmente nos estamos experimentando, nos hace ver que somos infinitamente más que ella. Más allá de comportamientos condicionados y de ideas restrictivas acerca de nosotros mismos, somos Bondad ilimitada, Vida plena, que se halla siempre a salvo; más allá de aprendizajes radicalmente erróneos, somos Inocencia; más allá de falsas creencias de separatividad, somos Uno con todos los seres, porque Aquello que alienta en nosotros es exactamente lo mismo que alienta en todos ellos. Somos, por tanto, esencialmente, inocencia original..., aunque en nuestro nivel existencial nos movamos con frecuencia en dirección al mal. Pero tales comportamientos no nacen de lo que somos, sino de las representaciones mentales que, advertida o inadvertidamente, hemos asumido como si fueran verdaderas. Nos puede la ignorancia –nuestros mapas mentales, creados y sostenidos por condicionamientos genéticos, psicológicos, religiosos, sociales y culturales–, pero somos Verdad.

Esto es lo que han visto siempre los sabios –me vienen a la memoria las afirmaciones que el cuarto evangelio pone en boca de Jesús: "Yo soy la Vida... Yo soy la Verdad..."– y únicamente en la medida en que lo veamos, no solo nos liberaremos de creencias culpabilizadoras, sino que se nos regalará asentarnos en nuestra verdadera identidad, encontrar nuestra "casa".

Tal vez, siguiendo la intuición de los sabios, si alguna de sus palabras encuentra eco en ti, por tenue que sea, permítete repetirla, atento a los efectos que produce en tu interior. Puedes decirte, por ejemplo, *"Yo soy la Vida"*... y nota lo que ocurre, no en tu mente discursiva y habituada a sus razonamientos aprendidos, sino en otra instancia más profunda y sutil, donde se te regala la sabiduría. Consciente de que ese "yo" sujeto de la Vida no es tu ilusorio yo particular, sino el Yo con mayúscula que constituye nuestra identidad común y compartida. Más en concreto: no es tu pequeño yo quien afirma ser la vida, sino esta misma la que autoproclama: "Yo soy la Vida".

Adictos a la culpa, adictos al castigo

Es sabido que la culpa se alimenta a sí misma. Una vez establecido y activado, el mecanismo culpabilizador funciona de modo automático. Para ello buscará o incluso inventará motivos que le permitan perdurar en el tiempo. Dicho de modo más simple: la culpabilidad consiste en una programación mental que se autoalimenta.

Es cierto que la persona culpabilizada puede encontrar un alivio transitorio en el llamado "arrepentimiento", pero con frecuencia este se entiende y se vive de tal manera que no consigue sino incrementar la propia culpa de la que parecía liberarnos. Eso hace que aquella actitud, aparentemente honesta, sea tramposa, porque el mismo hecho de arrepentirse –a no ser que nazca de la comprensión– no hace sino ratificar o reafirmar la supuesta culpa. Lo que realmente libera no es el arrepentimiento, sino la comprensión.

A falta de comprensión, seguiremos reproduciendo aquel patrón aprendido y nos juzgaremos constantemente a su luz, de la misma manera que juzgaremos (y condenaremos) a los otros. El juicio –la etiquetación de todo como bueno o malo–, aparte de la carga de proyección que contiene, hace que aquel esquema culpabilizador se mantenga y perpetúe.

Al proyectar la culpa en los otros, experimentamos un cierto alivio, a la vez que intentamos responsabilizar a los demás de nuestras dificultades o sufrimientos. Pero de ese modo, aun sin ser conscientes de ello, seguimos robusteciendo nuestro infantilismo e inmadurez, presos de un victimismo narcisista que combina, a partes iguales, el lamento y la acusación.

Todo ello –proyección, juicio, condena, castigo, lamento, queja, victimismo...– nos mantiene en el pasado. Y ahí es precisamente donde la culpa encuentra alimento sobrado para perpetuarse indefinidamente.

Pero hay más. Detrás del mecanismo que hace que la culpa se replique hasta el infinito, no es difícil advertir la trampa original por la que hemos terminado identificados y reducidos al yo. Una vez producida tal identificación, asumimos la creencia de que el llamado yo es algo real y ello nos exige tener que sostenerlo por todos los medios a nuestro alcance.

Ahora bien, el yo es solo un pensamiento, el primero de todos ellos. Se trata, por tanto, de algo radicalmente vacío, sin sustancia propia, lo cual lo convierte en un parásito. Como tal, para tener sensación de existir, necesita robar energía a cualquier cosa que se ponga a su alcance: objetos, posesiones, creencias, imágenes, títulos, relaciones... Todo es bienvenido siempre que otorgue al yo una sensación de estar vivo y ser poderoso, incluidos elementos tan dañinos como el sufrimiento, la queja, el victimismo, la culpa e incluso el autocastigo. Y de todo ello puede presumir: un yo que sufre, que se queja, se lamenta o se culpabiliza, incluso se castiga y castiga a otros... es un yo que, aunque falso y sufriendo, se siente vivo e incluso aparece como extremadamente fuerte.

Esto es lo que explica, en último término, que nos hayamos podido convertir en adictos a la culpa y al castigo. Así como –por extraño que resulte– existe la adicción al sufrimiento, al juicio, al lamento..., no es difícil percibir la adicción (inconsciente) a la culpa. Porque, como cualquier otra sensación, es capaz de otorgar una especie de identidad, de la que no resulta sencillo desembarazarse. Y tampoco es difícil de comprender: cuando alguien se ha sentido culpable a lo largo de toda su existencia –con una programación mental y emocional en aquella misma dirección–, ha terminado hasta cierto punto identificado con ello. Al querer abandonarlo, no solo notará la inercia que lo encamina a repetir lo conocido, sino que sentirá incluso una especie de vértigo, aquel que se produce cuando se suelta una identidad a la que nos habíamos acostumbrado.

Al comprender las "ventajas" que se obtienen de la culpa, como sostén de un yo tan precario como enfermo, entendemos mejor el motivo por el que fácilmente la perpetuamos, hasta el punto de vivirla como una adicción.

Y mientras dura la adicción, la persona parece sentirse cómoda en ese terreno, siguiendo una especie de guion tan simple que podría formularse de este modo: "No estoy a gusto conmigo mismo y los demás tienen la culpa de lo mal que me siento".

La culpa hace imposible que la persona se sienta a gusto en su piel. Como dijera Séneca, una persona que se considera culpable se convierte en su propio enemigo. De una manera u otra, se odia a sí misma, ya que –aun sin ser consciente de ello– está guiada por una programación mental según la cual ella misma es la causa de sus males, porque es indigna, inadecuada, incompleta o pecadora. No es extraño que, con frecuencia, haga lo que haga, viva constantemente bajo la presión insostenible de que debería estar haciendo otra cosa.

Pero no solo somos adictos a la culpa; lo somos también al castigo, otra creencia igualmente inoculada, individual y colectivamente, de un modo tan eficaz que, con frecuencia, ni siquiera resulta fácil reconocerla[1]. ¿Yo adicto al castigo?, nos

1. Agradezco a mi amigo, el terapeuta transpersonal Alberto Navarro, que me insistiera en la importancia de poner luz en la creencia en la necesidad del castigo, con el fin de ponerla al descubierto, observando sus implicaciones y desnudando su engaño.

preguntaríamos sorprendidos ante la mera insinuación de serlo. Frente a ese tipo de inconsciencia colectiva, funcional para el sistema que sustenta, es importante poner luz en ese campo. Para ello, puede resultar eficaz plantearnos, con limpieza, sencillez e incluso ingenuidad, esta pregunta básica: ¿Yo *creo* en el castigo?, ¿creo en él como medio para expiar el error cometido o, más ampliamente incluso, como medio para mejorar en cualquier sentido? Y todavía podemos acercar más el foco a nuestro modo habitual de funcionar en este campo y seguir preguntándonos: ¿reconozco situaciones en las que, aun sin ser consciente de ello, he buscado castigarme de cualquier modo?; ¿reconozco situaciones en las que, aun sin ser consciente de ello, he buscado castigar a otros, incluso a personas queridas, porque no respondían a mis expectativas?

La mente humana es hábil para maquillar y justificar aquello que no queremos ver, porque lo hemos asumido e introyectado hasta hacerlo formar parte de nuestro mundo interior. Por ello, tal vez no vea las ocasiones en que me castigo a mí mismo de mil maneras, reprochándome o ignorándome, agrediendo a mi cuerpo o alimentando creencias y sentimientos de indignidad, juzgándome o comparándome, dejándome llevar por la sobreexigencia o por el victimismo, alentando tristezas o miedos...

De manera similar, desde una actitud lúcida y humilde, advierto en mí un movimiento que me lleva a castigar a los otros, de maneras bruscas o sutiles, en la creencia, con frecuencia inadvertida, de que "se lo merecen" o de que "así aprenderán". No es extraño que, cuando el otro –sea hijo, pareja, amigo, conocido...–, a nuestros ojos, actúa "mal", nos enfademos con él, lo juzguemos, lo critiquemos, lo condenemos... En realidad, si somos honestos, no tardaremos en advertir que, aun sin haberlo pensado, *buscamos que se sienta mal.* Y en algunos casos, al lograrlo, en un movimiento interno no lejano al sadismo, incluso nos alegramos de que así sea.

En resumen, la creencia en el castigo –correlativa a aquella otra de la culpa y la "necesidad" de expiación– se traduce en *voluntad de hacer daño*, a uno mismo o a los demás.

Es probable que la mente tienda a justificarlo. Cuando nos sorprendemos "castigando" al otro de cualquier manera que sea, rápidamente nos decimos que lo hacemos por su bien, porque queremos que cambie "a mejor". Y nos decimos también que, al hacerle sentir mal, estamos favoreciendo que cambie su manera de comportarse. ¿Es así realmente o hay algo que se nos puede colar de manera inadvertida? Me parece que lo que sucede en esos casos tiene una explicación más simple... y menos "noble". En realidad, nuestra reacción suele nacer de la frustración. Es justamente de la frustración de donde nacen reacciones como el enfado, el juicio, la condena..., así como el deseo de que el otro se sienta mal. Es decir, si somos honestos, habremos de reconocer que generamos reacciones que hacen daño a la otra persona..., y con frecuencia ni siquiera somos conscientes de ello. Desde esa misma honestidad, tal vez no nos resulte difícil reconocer que, en ocasiones, castigamos y hacemos daño como reacción nacida de nuestro propio malestar.

La creencia en el castigo se halla íntima e inextricablemente asociada a la *necesidad de control*, necesidad que resulta completamente funcional al poder –de todo tipo: desde el ámbito familiar al planetario, pasando por las diferentes colectividades humanas– y, en la misma medida, al sistema sociopolítico que nos hemos dado y, más ampliamente aún, al sistema egoico.

Con frecuencia, estas creencias más hondamente arraigadas no son consecuencia de un mero aprendizaje teórico, sino que se grabaron como resultado de experiencias padecidas, fundamentalmente en la infancia, donde sufrimos, en carne propia, el castigo y el daño. No es extraño, por tanto, que aquel aprendizaje lo asumiéramos posteriormente para aplicarlo con nosotros mismos y con los demás. La creencia en el castigo se había asentado firmemente en nuestro interior. Nos percatamos de su fuerza cuando, aun haciéndonos conscientes de que no se puede ayudar a la persona haciéndole daño o provocándole dolor, no es difícil que se nos vuelvan a colar actitudes y comportamientos que sigan vehiculando distintas formas de castigo.

Si deseamos vivir las diferentes relaciones con limpieza, sugiero indagar por este lado: ¿cómo respondo a lo que me parece un error o un comportamiento inadecuado de la otra persona (hijos, pareja, amigos...)? ¿Busco, aunque en ese momento no sea consciente, que se sienta mal? ¿O vivo esa situación desde la comprensión y, sobre todo, desde la no-reacción?

La reacción –la reactividad– siempre es egocéntrica: mi ego salta de una forma determinada ante un estímulo concreto. De ahí que únicamente es posible superar esa trampa y ese engaño cuando renunciamos a reaccionar.

Ahora bien, pasar de la reacción a la respuesta –de la reactividad a la responsabilidad–, requiere indefectiblemente *tomar distancia* de lo que se produce en nosotros ante un estímulo que nos "toca" sensiblemente. Sin distancia, será inevitable la reacción. La distancia –"contar hasta diez", decían nuestras abuelas– permite acoger el estímulo, acoger igualmente el sentimiento que se ha despertado en nosotros..., pero sin dejarnos llevar por él. Situarnos en la Consciencia-Testigo nos libera de la esclavitud y tiranía de la mente pensante y, por tanto, de la identificación con el yo (ego). Por eso, solo desde la comprensión de lo que somos es posible responder o, dicho con mayor precisión, es posible permitir que la vida responda a través de nosotros.

En ausencia de comprensión, que desnuda, libera y trasciende las creencias, perdura el malestar. Ahora bien, dado que el peso de ese malestar resulta insoportable para cualquier persona, es inevitable que surja la proyección como mecanismo exculpatorio e incluso apaciguador. Se necesita un enemigo para proyectar en él lo que me resulta insoportable: son los otros quienes tienen la culpa de que me sienta tan mal.

Y esos otros pueden ser los padres –que no me dieron lo que necesité en mi infancia–, los educadores que tuve, mi jefe o mis compañeros de trabajo, mis amigos o mi pareja..., o bien el pasado que me tocó vivir o incluso la misma vida que ha sido o "está siendo injusta conmigo".

En cualquier caso, se termina cayendo en el victimismo que, por un lado, sirve de alivio (momentáneo) y, por otro, fortalece la identidad del propio yo, en el que la persona se reconoce desde que tiene memoria.

Visto desde otro ángulo, se comprende también que el victimismo sea el pretexto más eficaz para no sentirnos responsables de nuestras propias acciones y, por tanto, para no tener que cambiar. Resulta mucho más cómodo culpar a los otros de mis males, que hacerme cargo de ellos, tomarlos en mis manos y afrontar su resolución.

Es más fácil decir: "soy así por culpa de mis padres y de mi historia, porque los otros no me valoran, porque no son responsables en lo que hacen, porque no me dejan vivir"..., que aceptar mi verdad y reconocer que mi malestar de hoy no está provocado por lo que mis padres no me dieron –aunque resida ahí la explicación de lo que vivo– o los demás me niegan, sino por lo que yo mismo soy aún incapaz de darme; que el vacío que experimento con tanta intensidad corroyendo mi existencia no es el vacío de quienes no tuve o de quienes no tengo hoy, sino que es un vacío de mí mismo, porque me siento escindido, interiormente dividido y fragmentado, debido precisamente a la culpa y a la creencia errónea que la sostiene en su base; y porque tal vez no soy capaz aún de comprenderme, acogerme y amarme de manera gratuita e incondicional.

Más adelante, en los capítulos sucesivos, trataré de mostrar caminos que puedan conducir a la liberación de este círculo vicioso tan endiabladamente enmarañado como dolorosamente devastador, cuya resolución se ve dificultada por el hecho de que la persona que se halla perdida en él padece, en mayor o menor grado, un infantilismo narcisista que le hace muy difícil ver los resquicios por los que empezar a liberarse.

Con todo, ya aquí, deseo mencionar los tres errores de base que mantienen aquella trampa, en la convicción de que solo haciéndonos conscientes de ellos puede iniciarse con éxito el camino de la liberación. Nombraré, pues, cada error y sugeriré la actitud adecuada para empezar a resolverlo.

Primer error: los otros tienen la culpa de que esté mal. Es la afirmación, confesada o no, que sostiene el victimismo. Expresa sin duda el sufrimiento que la persona vive de manera angustiosa, pero denota infantilismo narcisista e inmadurez, a la vez que encierra una trampa mortal, de la que no habrá salida hasta que no se descubra el error.

Frente a la creencia narcisista que sostiene el victimismo, la comprensión nos hace ver que somos responsables de nuestros actos y de nuestra existencia. En consecuencia, la primera actitud adecuada es la aceptación de toda nuestra verdad –incluida nuestra historia– y el reconocimiento de que soy yo quien puedo darme lo que, de manera tan inútil como exigente, reclamo a los demás.

Segundo error: hay en mí algo "malo", soy culpable y, por ello en ocasiones, no me considero digno de vivir ni de ser feliz, merezco ser castigado. Es la afirmación de la culpa, aprendida desde temprano y alimentada a lo largo de la existencia.

Frente a semejante creencia errónea, la comprensión me hace ver que, aunque limitado y condicionado, en lo profundo soy inocencia; fui igualmente un niño completamente inocente en quien se grabó, muy temprano, la creencia opuesta. Soy valioso, bueno y digno, y hoy soy yo mismo quien necesito verme de este modo. Ello requiere que cultive una actitud y un sentimiento de amor incondicional y humilde hacia mí, que me permita experimentar la reconciliación conmigo mismo y el gusto de ser yo, abrazando toda mi verdad.

Tercer error: soy un yo particular, separado de todos y de todo. Es la definición que la mente da de nosotros mismos. Mientras la sigamos creyendo, permaneceremos en la ignorancia original, por lo que no habrá liberación posible de la culpa ni del vacío, sino que seguiremos enredados en la confusión y el sufrimiento.

Frente a esa creencia falsamente reductora, la comprensión nos hace ver que el yo es solo una forma temporal en la que nos experimentamos. Lo que somos es uno con todo lo que es, la misma y única Vida que en todo late y que todo alienta.

Cuando miramos el fenómeno de la culpa desde la luz de la comprensión se nos hace patente su trampa: era solo una creencia errónea.

3

La trampa: la culpa es una creencia errónea

Espero que, con todo lo dicho, aparezca claro el enunciado que adelantaba desde el inicio: lo que llamamos habitualmente sentimiento de culpa es, en realidad, solo una creencia mental errónea. Sentimientos son aquellos movimientos emocionales que la acompañan, como la angustia, la soledad, la decepción o el abatimiento.

De hecho, apenas lo miramos detenidamente, apreciamos que todo lo que tiene que ver con la culpa se halla sostenido por diferentes creencias, que pueden resumirse en aquella especie de sentencia, ya citada, y que suele darse por válida colectivamente, hasta el punto de haberse convertido en algo convencionalmente aceptado: *una persona elige el mal porque es mala.*

En este tercer capítulo intentaré desenmascarar la trampa que sostiene y alimenta continuamente la culpa. Y lo haré en dos etapas: en primer lugar, desnudaré el burdo error de la creencia que afirma que, en el pasado, pudimos haber hecho las cosas mejor de lo que las hicimos; y en un segundo tiempo, me centraré en la cuestión del libre albedrío que se suele aceptar sin matices como un hecho incuestionable, pero que, desde mi punto de vista, requiere un análisis mucho más matizado.

Con ello, espero desbrozar la afirmación que haré en el próximo capítulo: si bien es cierto que, desde un punto de vista psicológico, la actitud adecuada no es la culpabilidad, sino la responsabilidad, no lo es menos que, desde la comprensión espiritual (sapiencial), la culpa no existe, por cuanto no existe un sujeto libre a quien premiar o castigar por lo que hace.

El lector entenderá que, planteado de este modo, el tema del libre albedrío aparezca en ambos capítulos: en este, para ser cuestionado en sí mismo; en el siguiente, para deducir la conclusión que nos interesa y que formularé de manera radical: la culpa no existe.

Una convención cultural basada en creencias erróneas

"Una persona elige el mal porque es mala". Una afirmación de ese calibre, que a mucha gente le parece evidente por sí misma, pone de manifiesto el modo como funcionan las creencias o programaciones colectivas: algo se da por supuesto como totalmente cierto y, a partir de ahí, funciona como si lo fuera y produce efectos en consonancia con aquella creencia[1]. Sin embargo, una actitud crítica alcanza a descubrir las falsedades en las que se sostiene y es, así, capaz de desenmascararla. Tomemos un tiempo para discernirlas.

Las creencias erróneas (y ocultas) que aquella afirmación da por válidas serían, al menos, estas: es posible un conocimiento preciso por parte de la razón humana; es igualmente posible una libertad absoluta capaz de tomar una decisión que se reconoce como básicamente libre; soy culpable del mal que he hecho porque podría haber actuado de un modo diferente; los otros son también culpables del mal cometido porque podrían haber tenido otro comportamiento...

A poco que nos detengamos en esas expresiones, descubriremos que todas ellas comparten algo en común: afirman al yo y a su (supuesta) capacidad de control que, en esa lectura, lo definiría. El yo se identifica por su afán de controlar –en la pretensión de que todo se ajuste a sus deseos–, hasta el punto de que, en cuanto se suelta ese afán, él mismo se diluye; el llamado yo no era sino la resistencia que la mente oponía a lo real.

1. Es sabido que cualquier error, en cualquier campo, que mi mente toma como verdad produce efectos reales en mi persona, constituyendo una especie de profecía que se autorrealiza. Con lo cual, en un endiablado círculo vicioso, el error inicial se fortalece y perpetúa. En concreto, quien se cree culpable o indigno padecerá los efectos de tales creencias y, al experimentarlos, no hará sino fortalecerlas, ratificándose en ellas.

A través del control, el yo busca autoafirmarse y garantizar su seguridad, debido a aquella conexión antigua que nos hizo creer –otra creencia infundada– que gozaríamos de seguridad en la medida en que fuéramos capaces de controlar todo a nuestro alrededor.

Descubrimos, pues, el motivo por el que el yo se aferra a aquellas creencias: está en juego él mismo en cuanto capaz de controlar. Sin embargo, ello no les otorga ninguna verdad; siguen siendo equivocadas o, en todo caso, ilusorias, ya que solo existen en la mente de quien las defiende.

La religión institucional vino a dar validez a aquellas creencias –consciencia y libre albedrío del yo–, si bien las puso como condiciones para poder hablar de "pecado" ya que, como reconocía el propio catecismo de la Iglesia católica, constituían los dos requisitos para que hubiera pecado grave (o "mortal"): el pleno conocimiento y el deliberado consentimiento.

Sin embargo, ¿quién puede presumir de actuar con *pleno conocimiento* y *deliberado consentimiento*? ¿Alguien con esas condiciones –alguien realmente consciente y libre– actuaría mal o desearía lo que fuera dañino para sí o para otros?

El conocimiento que tenemos de lo real es sumamente limitado, parcial e interesado. En cierto modo, podría decirse que nuestro cerebro ve solo lo que quiere ver, en orden a mantener como coherente su propio relato. Un conocimiento tan sesgado y reductor –por tanto, falseado– ¿podría garantizar la elección adecuada?

Por lo que se refiere a la libertad, no solo se halla sometida a tantos condicionamientos de todo tipo –genéticos, psicológicos, sociales, culturales...– que la harían imposible, sino que en sí misma parece ser solo una creencia más: tenemos la percepción *subjetiva* de que controlamos nuestras decisiones y eso alimenta la creencia de que somos libres.

Es justamente la creencia en el libre albedrío del yo particular la que se halla en la base de aquellas otras que nos hacen creer que pudimos haber actuado de un modo diferente y que somos absolutamente responsables de nuestros actos y omisiones. Pero ¿realmente es así?

A partir de lo que he expuesto en otras ocasiones[2], trataré de sintetizar lo que considero pertinente para esta cuestión.

Si bien resulta innegable la percepción subjetiva de que somos libres, es evidente que tal percepción no avala que realmente lo seamos. Cada vez somos más conscientes de la facilidad con que nuestros sentidos nos engañan, haciéndonos tomar por "evidencias" lo que luego se demostró completamente erróneo. Me refiero a creencias como el terraplanismo, el geocentrismo o incluso el materialismo y la afirmación de la solidez de la materia.

Para empezar, aquella percepción subjetiva parece garantizar que somos *libres para hacer* lo que deseamos en cada momento. Sin embargo, incluso esta primera acepción del libre albedrío se ve radicalmente cuestionada desde un doble ángulo: por un lado, recientes y contrastadas investigaciones neurocientíficas han demostrado que es el cerebro el que ejecuta las acciones con anterioridad a que la mente se las apropie[3]; no habría, por tanto,

---

2. E. Martínez Lozano, *Otro modo de ver, otro modo de vivir. Invitación a la no-dualidad*, Desclée De Brouwer, Bilbao ²2014, pp. 247-300; más en particular, p. 277, nota 29; Id., *Cristianos más allá de la religión. Cristianismo y no-dualidad*, PPC, Madrid 2015, pp. 186-211: "Libertad"; Id., *Metáforas de la no-dualidad. Señales para ver lo que somos*, Desclée De Brouwer, Bilbao 2018, pp. 143-154: "El jinete y las riendas"; 244-263: "El niño y los castillos de arena".
3. F. J. Rubia, *El fantasma de la libertad. Datos de la revolución neurocientífica*, Crítica, Barcelona 2009; D. Eagleman, *Incógnito. Las vidas secretas del cerebro*, Anagrama, Barcelona 2013.

libertad de hacer, sino únicamente apropiación (posterior) de la acción por parte de la mente, en función precisamente de la naturaleza apropiadora de esta. Por otro lado, el hecho mismo de elegir hacer una cosa u otra tampoco probaría en absoluto la existencia de un yo libre: esa misma opción es posible para los animales y no se nos ocurre afirmar que posean libre albedrío. Se explica, sencillamente, por las posibilidades que ofrece un cerebro, de acuerdo con su propio grado de complejidad. En resumen: lo que habitualmente llamamos libertad de hacer no requiere la existencia de un yo consciente y libre que fuera el sujeto de la misma.

Todo se ilumina más cuando caemos en la cuenta de que *no elegimos lo que pensamos ni lo que queremos*. Si los pensamientos y deseos se presentan de manera involuntaria y automática, ¿dónde queda la supuesta libertad del yo?

Nos vemos así confrontados con una doble paradoja –toda comprensión y explicación profunda de lo real requiere esta clave–, que va a desvelar lo que se halla en juego.

Vamos con los dos polos de la *primera paradoja: creemos ser libres, pero todo está predeterminado*, es decir, todo es. Por una parte, en el nivel de las formas, resulta evidente que la creencia en el libre albedrío es condición necesaria para que pueda darse este mundo manifiesto o fenoménico. El hecho de creer que somos libres y, por tanto, autores reales de nuestras acciones constituye una condición imprescindible para poder funcionar en el mundo que conocemos. Porque es esa misma creencia la que, en cierto modo, otorga una apariencia de consistencia real al propio yo. Un yo que no fuera reconocido como hacedor libre, con capacidad de llevar el control, quedaría radicalmente diluido. Sin embargo, por otra parte, visto desde el plano profundo, el libre albedrío es solo una creencia sin base real; la sostiene únicamente la propia percepción subjetiva ya mencionada.

No elegimos lo que pensamos, no elegimos querer lo que queremos, no hay un yo separado (persona) que sea realmente sujeto de sus acciones, sino que el *único sujeto que merece ese nombre es la propia consciencia o la vida*, que se despliega en nosotros como papeles en los que ella se expresa. En síntesis, esta primera paradoja posibilita vivirnos *como si* fuéramos libres, aun sin serlo. Lo cual parece conducirnos a una conclusión evidente: *el llamado libre albedrío es una creación de la consciencia para posibilitar el despliegue que conocemos*, el "truco" del que se sirve para dar lugar al mundo manifiesto. *Resolución de la primera paradoja: libre albedrío y determinismo no son polos contradictorios*, sino pertenecientes a los dos niveles que nos constituyen; plantearlos como contradictorios significa caer en la trampa de la mente analítica que, incapaz de captar la paradoja, los ve como irreconciliables. Sin embargo, no hay tal contraposición; se trata, en realidad, de un falso dilema, que queda resuelto o disuelto en la comprensión no-dual: necesitamos creer que somos libres y funcionar como si lo fuéramos, pero en rigor no existe un yo que fuera sujeto de libre albedrío. Sin tal sujeto, es claro que, hablando desde el plano profundo, *la culpa no existe*.

La *segunda paradoja* tiene que ver aún más directamente con los dos planos o niveles de lo real: el de las formas y el profundo. En el caso humano, el primero corresponde a nuestra "personalidad" (dimensión psicológica) y el segundo propiamente a nuestra "identidad" (dimensión espiritual). Tal paradoja puede expresarse en estos términos: *no existe ningún yo libre* –como quedó claro en el caso anterior–, *pero somos libertad*. Como acabo de decir, el libre albedrío es solo una creencia –sin base real, aunque necesaria para el despliegue del mundo fenoménico–, pero en nuestra verdadera identidad somos libertad. Y lo experimentamos de forma evidente en cuanto entramos en conexión consciente con ella: al conectar conscientemente con la consciencia que somos, se nos hace patente la libertad ilimitada. *Resolución de la segunda paradoja: no hay aquí ningún yo libre, pero somos libertad.* Y esta comprensión modifica también radicalmente lo que, de manera habitual, entendemos por ser libres. Porque, llegados a esta comprensión, advertimos que no se trata tanto de *libertad de acción* ni de *libertad de elección*, sino de *libertad de ser.*

De hecho, desde una mirada lúcida, no se tarda en descubrir que la llamada libertad de elección presenta una doble característica que la pone en jaque: de un lado, queda reducida a arbitrariedad; de otro, revela ignorancia. Porque, como bien dijera Krishnamurti, si tengo que elegir es porque dudo y si dudo, es porque estoy en la ignorancia.

No solo eso. Basta caer en la cuenta de que estamos "obligados" o incluso "condenados" a elegir para percatarse de que el hecho de "tener que" elegir no es libertad; es limitación, a la vez que manifiesta de nuevo ignorancia.

Por el contrario, cuando abandonamos el espejismo del libre albedrío y entramos en conexión con nuestra verdadera identidad, experimentamos de manera inmediata la *libertad de ser.* Nunca nos habíamos sentido tan libres como ahora, al detectar que "ser" y "ser libre" son realidades absolutamente equivalentes. Es ahí donde se experimenta y saborea la libertad que no conoce límites, porque tampoco es algo añadido a lo que somos. De manera que, en esa misma comprensión, se nos hace evidente la armonía, la belleza y el ajuste de lo real.

Las consecuencias prácticas de esta comprensión resultan decisivas para un planteamiento ajustado de nuestro estar y hacer en el mundo. El yo particular es solo un papel –no existe la culpa–, pero nuestra verdadera identidad no es ese yo, sino la consciencia que es también libertad: al verlo, nos descubrimos –en ese plano transpersonal– fuente de acción creativa.

El punto decisivo: ¿un yo libre y hacedor?

Llegados a este punto, el lector habrá advertido lo que realmente se halla en juego, que no es solo lo relativo a la libertad, sino algo mucho más profundo y radical: *la cuestión del yo*. Por ello considero de interés volver sobre ese punto.

¿Qué es eso que llamamos yo? ¿Posee sustantividad y consistencia propia como para hacer de él un sujeto real o auténtico hacedor de las acciones que se apropia? ¿No será solo un constructo mental, al que la propia mente dota de aquellos rasgos o características que ella percibe pero que, en realidad, son transpersonales? Me refiero a características como la consciencia y la libertad: una vez apropiadas por la mente, dan lugar a un (supuesto) yo, consciente (inteligente) y libre.

Necesitamos avanzar en esta indagación, porque constituye la cuestión nuclear, en torno a la cual gira todo lo demás. En ese camino de autoindagación, apenas nos aproximamos al yo, lo primero que descubrimos es que se trata solo de un *objeto* que, como tal, puede ser observado; es, pues, un contenido de la consciencia, siendo esta el único sujeto realmente real.

Llamamos yo al centro operativo que rige nuestra vida mental y emocional. Es real, como tal centro, en el nivel de las formas (de la personalidad), pero en sí mismo carece de entidad en cuanto el sujeto que creemos ser. Es creado por la propia mente, alimentado por el pensamiento y sostenido por la memoria. Quitado cualquiera de esos elementos, el yo simplemente se desvanece: era una ficción.

Tal comprensión repercute, inmediata y radicalmente, en la cuestión acerca de la libertad. Al comprender que el único sujeto realmente *real* es la consciencia –Eso que es consciente, la vida, el ser...; todos los nombres resultan inadecuados para nombrar Aquello que carece de nombre porque no es un objeto–, se nos regala un *doble descubrimiento:* solo la consciencia es (sujeto de) libertad y la consciencia constituye nuestra verdadera identidad.

Había sugerido más arriba que es la creencia en el yo, como entidad consistente, la que exige sostener la creencia del libre albedrío. Desmontada la primera de ellas, ¿qué queda? No podía ser de otro modo: se hace manifiesta nuestra propia paradoja.

Por una parte, somos simplemente papeles dentro de esta gran representación de la consciencia o de la vida. Visto desde ahí, no existe libre albedrío, ni responsabilidad, ni culpa, ni orgullo... Somos actores y actrices, como cualquier otro ser.

Sin embargo, se da en nosotros una diferencia cualitativa con respecto a los otros seres: la capacidad de comprender que somos consciencia. En cierto modo, podría decirse que, en nosotros, *la consciencia empieza a encontrarse a sí misma.*

Con lo cual, nos hacemos conscientes de nuestra doble dimensión o paradoja: somos el personaje que se mueve en el plano de las formas y somos, en nuestra identidad profunda, Eso que es consciente del personaje, pura consciencia.

Y cuando comprendo lo que realmente soy, me descubro como libertad: sé por mí mismo, de una manera inmediata y autoevidente, lo que es ser libre. Esta es la que antes he llamado *libertad de ser*, que únicamente se puede experimentar y conocer cuando la somos.

Por el contrario, mientras vivo desconectado de lo que realmente soy y vivo en la ignorancia que me lleva a identificarme con el yo, *parece* que puedo elegir hacer una cosa u otra, pero la realidad es que me muevo en la confusión acerca de qué puede ser lo más adecuado y, más profundamente, no estoy haciendo sino lo que la propia consciencia despliega en este cuerpo-mente que llamo yo... ¿A esto se le puede llamar la libertad? Cuando se ha palpado y saboreado la libertad de ser, cualquier otra cosa que se presente bajo ese nombre palidece hasta esfumarse.

Desde esta comprensión, todo encaja de modo admirable. Caemos en la cuenta de que el valorado libre albedrío del yo es un señuelo engañoso que, *de existir, únicamente se apoyaría en la ignorancia*. Una vez superada esta, la comprensión nos permite reconocer y vivir el alineamiento con lo que es. Quien sabe lo que es, no duda; fluye ajustadamente con la corriente de la vida, reconociéndola como su verdadera identidad. La comprensión nos coloca en la verdad de lo que somos y, a partir de ahí, al dejarnos fluir con lo real –al amar lo que es–, estaremos siguiendo el curso de la vida y realizando lo que somos y, en ese mismo movimiento, descubriremos que somos Libertad.

Ahí vemos que *la aparente contradicción entre libertad y determinismo es una falacia*. Se trata de un falso dilema: no existe el libre albedrío, pero al mismo tiempo, somos libertad. Libre albedrío y determinismo, libertad y necesidad no son opuestos, sino complementarios: "ser" y "ser libre" son realidades plenamente idénticas. ¿Acaso no estamos determinados a ser lo que somos? ¿Y no consiste en ello nuestra mayor experiencia de libertad? De nuevo brilla la *paradoja: solo cuando me "someto" a lo que soy –a lo que estoy "predeterminado"–, alcanzo la libertad*. ¿Dónde está la contradicción que nuestra mente cree ver?

No existe el libre albedrío, porque tampoco el yo tiene consistencia propia. El único sujeto que realmente merece ese nombre es "Eso que es consciente", la consciencia o la vida. Lo que llamamos yo es solo un papel asignado, que se despliega en una forma particular. No cabe, por tanto, culpa ni responsabilidad: cada ser humano está representando un rol dentro del despliegue del mundo fenoménico.

¿Cómo tratarnos y tratar a los demás? Desde la comprensión de que, en este primer nivel, somos y son simples papeles en los que la consciencia se expresa. No existe ningún yo que posea libre albedrío, ¿cómo podría haber culpa? Y, sin embargo, intuimos que hay algo más... En el próximo capítulo, retomaré este punto. De momento, es suficiente haber detectado la trampa que contamina nuestro modo de ver y desmontar las creencias erróneas que la alimentan, y que podrían sintetizarse de este modo: el yo no constituye nuestra verdadera identidad; carece de libre albedrío –aunque necesita vivir con esa creencia para poder funcionar–; la consciencia no es una realidad separada de nosotros, de la que dependería todo, sino que constituye nuestra identidad, desde la que vivirnos; la consciencia es libertad; ser y ser libres son realidades completamente equivalentes.

El testimonio de los sabios

Los sabios han vivido habitualmente contracorriente. Una comprensión más profunda les hacía cuestionar convenciones y creencias –programaciones o patrones mentales– que aparecían revestidas con un halo de verdad. Eran falsas, pero al mismo tiempo se repetían como incuestionables.

En el tema que nos ocupa, el testimonio de los sabios –Sócrates, Buddha, Jesús...– es unánime: *el mal es fruto de la ignorancia*. Afirmación que no es sino el reverso de aquella verdad que constituye un denominador común de las tradiciones sapienciales: el ser humano se halla constitutivamente orientado hacia el bien.

Como vimos en su momento, este núcleo sapiencial, en la práctica, fue negado por la doctrina del pecado original, al extender la creencia de que todo ser humano, por el hecho mismo de pertenecer a esta especie, nacía ya pecador y, por tanto, culpable. Sin embargo, al comprender los equívocos que se hallan en la base de la misma –el relato del Génesis pertenece a la categoría del mito–, somos capaces también de transcenderla.

En el propio texto evangélico, el pecado es designado como *"hamartia"*, que no guarda ninguna relación con la culpabilidad, sino con el error, es decir, con la ignorancia. Literalmente, aquel término griego significa "errar el blanco". Y, como reconocía el dicho latino –*"errare humanum est":* es humano equivocarse–, tal percepción se ajusta a lo que somos, a la vez que da razón del daño que hacemos.

Porque, ¿cómo explicar que, estando constitutivamente orientados hacia el bien, podamos llegar a provocar tanto daño y generar tanto dolor? La respuesta es solo una: debido a nuestra ignorancia, es decir, a las lecturas que nuestra mente hace de nosotros mismos y de todo lo real, a nuestros "mapas mentales" desajustados que, desde el inicio de nuestra historia, hemos internalizado. Mapas tan radicalmente falsos que nos empujan hacia comportamientos ciertamente dañinos. A eso se refiere Eckhart Tolle cuando escribe que "solo existe un perpetrador de maldad en el planeta: la inconsciencia humana".

Si la ignorancia es la causa de la maldad, parece evidente que la liberación de la misma únicamente podrá venir de la mano de la comprensión, entendida esta no como algo puramente mental, sino como aquella luz, experiencial o existencial, que nos revela nuestra verdad más profunda.

Salir de la creencia errónea

En nuestra verdadera identidad, somos consciencia y somos libertad. Pero no es habitual que lo vivamos de manera consciente y estable. Con frecuencia, vivimos como si fuéramos un yo. Cuando esto ocurre, nos hacemos daño y generamos dolor. Pero este no nace de la (ilusoria y ficticia) libertad del yo, sino justamente de nuestra ignorancia.

Frente a la creencia habitual –que afirma que quien obra el mal lo hace consciente y libremente–, la comprensión dice algo simple: Todo ser humano realiza en todo momento la mejor opción posible teniendo en cuenta su nivel de consciencia y su mundo representacional en ese momento concreto. La culpa es, por más que pueda chirriar a nuestra mente educada en creencias opuestas, un error de percepción o, si se prefiere, ausencia de comprensión.

Cuando una persona se debate e incluso se tortura recriminándose alguna acción realizada en el pasado, la culpa le grita: *"podrías y deberías haberlo hecho de otro modo";* la comprensión, por el contrario, muestra que *"en aquel momento, con la luz de que disponías, no pudiste hacer otra cosa..., y la prueba es que no la hiciste".*

El discurso de la culpa es insostenible por cuanto exige algo imposible, como es pedirle a alguien que debería haber tenido un nivel de comprensión diferente del que realmente tenía en ese momento. Para entenderlo, sería como decirle: *"Cuando no eras consciente, deberías haber sido consciente".* Apenas nos detengamos en ello, advertiremos que se trata de algo tan absurdo como pedirle a un ciego que vea lo que tiene delante. No solo revela el sinsentido de lo que se pide, sino que pone de manifiesto a la vez el narcisismo de quien lo exige: no contempla a la otra persona desde ella misma –su nivel de consciencia, su capacidad de "ver" o no–, sino que la juzga desde la propia percepción.

El ser humano busca siempre el bien. Lo que sucede es que nos engañamos con suma facilidad acerca de lo que es bueno. Con lo cual, el problema radical es un *problema de comprensión.* Tenía razón Sócrates cuando afirmaba que la única virtud era la sabiduría y el único vicio la ignorancia. "¿Qué piensas? –se preguntaba, por su parte, Epicteto– ¿Que voluntariamente caigo en el mal y pierdo el bien? ¡Nada de eso! ¿Cuál es, pues, la causa de mi error? La ignorancia". Y antes que él, Platón argüía: "¿Hay un solo ser humano que apetezca sufrir y ser desdichado? Por consiguiente, nadie puede apetecer el mal".

El bien, como la felicidad, no es objeto de libre elección. Estamos predeterminados a ello. De ahí que la expresión "mala voluntad" sea una contradicción *in terminis*, un oxímoron, pues el objeto de la voluntad es siempre lo percibido como bien.

La confusión y el enredo, así como la proliferación de la maldad y del daño ocasionado a uno mismo, a los otros, a cualquier ser, al planeta..., es consecuencia de la limitación, la ceguera y las representaciones mentales equivocadas que pueblan la mente humana.

Pero nada de ello tendría que inducir al error de pensar que alguien elige el mal porque es malo. De la misma manera, frente a la trampa que supone juzgar y condenar a los otros, resulta evidente –lo vemos apenas tomamos distancia de nuestra particular perspectiva– que únicamente podemos comprender al otro cuando entendemos el *sentido* que para él tienen sus conductas.

No parece justo enjuiciar a nadie desde el propio marco de referencia, porque lo que se hace entonces es, lisa y llanamente, una proyección. Pero si hacemos el esfuerzo de ponernos en su piel, con todos los condicionamientos que arrastra y, en concreto, con las lecturas mentales que rigen sus acciones, tal vez nos sorprendamos al percibir cómo crece en nosotros la comprensión y la compasión.

Y aun reconociendo que en ocasiones puede resultarnos tremendamente arduo, no dejaremos de darle la razón a Marco Aurelio cuando decía: "Si alguien te ofende, piensa inmediatamente en las concepciones que esa persona tiene del bien y del mal. Cuando lo entiendas, sentirás compasión por esa persona, en lugar de sorprenderte o enfadarte". Vemos entonces que todo tiene un porqué y que, situados en la piel de la otra persona, somos capaces de comprender sus acciones..., por más que no solo no las justifiquemos –comprender no es justificar–, sino que tomemos medidas para protegernos de ellas o incluso nos veamos obligados a denunciarlas.

Comprender significa caer en la cuenta de que –otra vez en palabras de Marco Aurelio– "todo lo que sucede es tan ordinario y obvio como una rosa en primavera o un melocotón en verano; y esto es también verdad con respecto a la enfermedad y la muerte, la ofensa, la intriga y todas las demás cosas que preocupan o fascinan a los necios".

La comprensión no tiene nada que ver con la justificación, y tampoco con ningún tipo de buenismo, condescendencia infantil o ingenuidad simplona. Se caracteriza por la lucidez y la firmeza. Es consciente de que hay acciones que generan mucho daño y se sitúa lúcidamente ante ellas.

De la misma manera, afirmar que en su momento hicimos únicamente lo que pudimos y supimos, y que, en las mismas circunstancias, volveríamos a hacer lo mismo, no significa que no haya posibilidad de cambio. Y, de hecho, cambiaremos en la medida en que se abra en nosotros una comprensión cada vez mayor.

Con todo ello, me parece que resulta obvia la afirmación que da título a este capítulo: el llamado sentimiento de culpa es solo una creencia errónea. Por ese motivo, el camino para liberarse de él no pasa nunca por dejárselo sentir, como ocurre con los sentimientos genuinos, sino más bien por desenmascarar la creencia y situarnos en la comprensión, tal como trataremos de ver en el próximo capítulo.

Al afrontar un sentimiento de ira o de tristeza, si nos los dejamos sentir, sin añadir ninguna etiqueta mental, notaremos que se va evacuando hasta finalmente diluirse. Sin embargo, si se hace lo mismo con la culpa, lo que se consigue es justamente lo contrario: no solo no se libera la culpa, sino que terminaremos sumidos en un pozo del que, mientras alimentemos la creencia, nos resultará del todo imposible salir.

Al comprender lo que se halla en juego en toda esta cuestión, se hace patente que el mal no tiene entidad propia; es ausencia de bien, del mismo modo que la oscuridad es ausencia de luz. A partir de esa comprensión, se nos muestra el modo de actuar. ¿Cómo se vence la oscuridad? No ciertamente luchando contra ella, sino poniendo luz.

Por lo mismo, parece claro que el camino sabio no consiste en luchar contra el mal –esto no hace sino incrementarlo, porque esa misma lucha refuerza su aparente entidad–, sino en poner bien. Ese es el motivo por que las causas realmente eficaces nunca son "anti" nada, sino ofertas y compromiso a favor del bien. Como dijera el sabio Nisargadatta, "para desterrar el mal no hay que combatirlo, sino trabajar enérgicamente en dirección al bien".

4

La comprensión: de la culpabilidad a la responsabilidad y al reconocimiento de lo que somos

Vengo repitiendo que, si queremos comprender adecuadamente al ser humano, es preciso partir del reconocimiento de su constitución paradójica. Hablar de paradoja significa afirmar las dos dimensiones o niveles de lo real. La mente analítica niega uno de ellos (materialismo o idealismo extremo), los ve como contradictorios o incluso autoexcluyentes (maniqueísmo), o bien piensa que discurren en paralelo, como si fueran dos planos independientes entre sí (dualismo).

La realidad, sin embargo, en su simplicidad, es más compleja y sutil. Por eso, una comprensión más profunda advierte que, lejos de ser contradictorios, ambos niveles se encuentran abrazados en una unidad mayor, hasta el punto de que, al ver uno de ellos, se nos está mostrando el otro, en línea con la acertada afirmación del *Sutra del corazón:* "Vacío es forma, forma es vacío". Al ver la forma de las cosas que nos entran por los sentidos, la comprensión nos permite intuir el sustrato último que las hace ser y las sostiene en todo momento. En todo sin excepción podemos percibir su apariencia... y "aquello" que está detrás de la apariencia.

En el conjunto de lo real, ambos niveles pueden ser nombrados como fenoménico –todo aquello que percibimos a través de los sentidos neurobiológicos– y profundo –aquello que está más allá de los fenómenos y los sostiene–, o también, según el aforismo citado, como forma y vacío. El primer nivel es impermanente y secuencial; el segundo, estable y pleno, presencia consciente.

En el ser humano, venimos designando ambas dimensiones como personalidad (plano psicológico) e identidad (plano profundo o espiritual). Al primero accedemos a través de los sentidos y de la mente; al segundo, gracias al silencio en el que la mente pensante queda en suspenso y es trascendida.

Dado que a la mente analítica se le escapa la paradoja y ve los dos planos como contradictorios, lo que hace es negar uno de ellos. De ese modo, termina sosteniendo un *rancio materialismo* –solo existe lo que puede ser tocado– o un *etéreo espiritualismo* –solo tiene valor lo realmente real; las formas pueden ser descartadas–.

Cuando no niega ninguno de ellos, la mente analítica no puede verlos sino como superpuestos, discurriendo en paralelo. Para percibir su articulación adecuada, se requiere trascender la mirada analítica y abrirse a la comprensión no-dual. *Solo en esta comprensión queda resuelta la paradoja de lo real de manera armoniosa.* Lo cual viene a validar la intuición de que *la realidad es no-dual.*

Hoy nos resulta evidente afirmar –lo corrobora la propia física moderna– la interrelación de todo lo real: no existe nada separado de nada. Por lo que bien podría decirse que, siendo diferente, todo es lo mismo. O de un modo más simple: todo es no-dos.

En nuestro caso, la identidad –que compartimos con todos los seres: solo hay una identidad profunda, llámese consciencia, ser, vacuidad, plenitud, vida...– se expresa en cada personalidad. *Identidad y personalidad son no-dos*, de manera que podemos reconocernos, *a la vez*, como una persona particular y como la consciencia ilimitada y atemporal. Tanto el olvido de cualquiera de ellas como una forma errada de entender su articulación, impidiendo la comprensión adecuada de lo que somos, distorsiona necesariamente una vivencia ajustada y plena. Frente a esos desajustes, nacidos de la ignorancia, que abocan a situaciones de confusión, conflicto y sufrimiento mental, la sabiduría consiste en vivir la personalidad desde la identidad, vivir lo que somos en la forma en que, temporalmente, nos experimentamos.

Reconocer nuestra naturaleza paradójica requiere que, a la hora de querer entendernos a nosotros mismos, tengamos en cuenta aquellos dos niveles, es decir, que la nuestra sea una comprensión que implica tanto a la psicología como a la espiritualidad[1]. De hecho, las cuestiones realmente decisivas que nombramos como realización, plenitud, actitud ante la vida, libertad, compromiso..., únicamente encontrarán una respuesta acertada a partir del reconocimiento de nuestra paradoja y, más profundamente, gracias a la comprensión no-dual. Y lo mismo vale para cualquier tema objeto de debate como, en el caso que nos ocupa, el relativo a la culpabilidad o no del ser humano.

Trataré, por tanto, de aproximarme a la cuestión de la culpa situándome en las dos dimensiones, buscando desentrañarla en cada una de ellas. En la práctica, ¿cómo se ve la culpa desde el nivel psicológico y desde el nivel espiritual? Más tarde, procuraré mostrar cómo se articulan ambas dimensiones, en una vivencia verdadera y armoniosa de toda nuestra verdad.

---

1. He tratado de abordar la necesidad de trabajar conjuntamente psicología y espiritualidad para favorecer y potenciar el crecimiento integral de la persona en *Psicología transpersonal para la vida cotidiana. Claves y recursos*, Desclée De Brouwer, Bilbao 2020.

Desde la psicología: *de la culpabilidad a la responsabilidad*

Vengo reiterando que la culpa, en realidad, no es un sentimiento, sino un mensaje cerebral que repite machaconamente: "eres malo, inadecuado, incorrecto...". Y justamente en ello reside su gravedad, porque activa y alimenta recriminaciones antiguas que, desde nuestra infancia, han quedado almacenadas en el inconsciente.

En efecto, pocos sentimientos son tan fáciles de inocular en un niño como el de culpabilidad –y su pariente próximo, el de indignidad–. Ni siquiera es necesaria una acción positiva o una palabra explícitamente culpabilizadora. Basta que el niño no se sienta tocado, acariciado, mirado con gusto, no se le dedique tiempo, no se le hable con interés, o que sufra emocionalmente, para que llegue por sí mismo a esta conclusión: "No soy merecedor de que me quieran, no gusto, estoy mal hecho, algo malo he cometido"...

A partir de ahí, el sentimiento de culpabilidad se irá convirtiendo en una losa pesada y mortífera, que lo hundirá en la tristeza de la insignificancia y en la desvalorización avergonzada.

La evidencia nos dice que el sentimiento de culpabilidad conduce siempre al hundimiento. Si es así, no puede ser sino patológico. Y, por tanto, falso: en realidad, como he recordado más arriba, es falso todo pensamiento que genere sufrimiento. No hablo de dolor –inevitable y, en ocasiones, incluso terapéutico–, sino del sufrimiento que nace como resistencia a lo que es o como fruto de una elaboración mental que da como resultado una determinada interpretación de la realidad. Pues bien, todo pensamiento generador de sufrimiento mental está manifestando su error. La verdad –como la aceptación de lo que es–, aunque pueda doler e incomodar, nunca provoca sufrimiento. Desde esta perspectiva, me parece fácil discernir que cualquier mensaje culpabilizador –patológico y patógeno– necesita ser desenmascarado siempre que se presente.

La aportación de la psicología resulta tan valiosa como imprescindible. Gracias a ella comprendemos que, como ocurre en tantas otras cuestiones, entre dos extremos igualmente erróneos y perniciosos, hay un centro adecuado –*"in medio virtus"*– que nos hace percibir las cosas de otro modo. *En un extremo se halla la culpabilidad; en el otro, la irresponsabilidad (narcisista); en el centro, la actitud adulta de la responsabilidad.*

Soy consciente de que, cuando se cuestiona el llamado sentimiento de culpa, rápidamente se elevan voces, por ejemplo, dentro del psicoanálisis más ortodoxo, aduciendo que, sin ese sentimiento, la persona no modificaría su conducta errónea. Y, en ese sentido, atribuyen un valor positivo a dicho sentimiento, hablando de una "culpabilidad sana", que nacería de la percepción de haber actuado mal. En otros ámbitos, se suele distinguir entre "culpabilidad adaptativa", que sería adecuada y funcional, frente a la "desadaptativa", considerada patológica[2].

Quizás, como ocurre con frecuencia en nuestro pobre lenguaje, se trate únicamente de una cuestión terminológica. De hecho, los rasgos de la llamada "culpabilidad adaptativa" coinciden con los que caracterizan a lo que aquí se nombra como "responsabilidad".

Con todo, para evitar malentendidos que han generado y pueden seguir generando tanto sufrimiento inútil, personalmente

2. Así, por ejemplo, en el libro citado de M. Sweezy, *Internal Family Systems Therapy for Shame and Guilt*, Guilford Press, Nueva York 2023, pp. 10-18, 117-125.

prefiero desechar por completo el término "culpabilidad", recuperando el de "responsabilidad" en todo su valor[3]. Veámoslo más detenidamente.

A la "voz" que juzga nuestros actos la llamamos *conciencia moral* o ética (a no confundir con la consciencia –realidad originaria–, entendida como saber que sabe). Ahora bien, la conciencia necesita un criterio, una referencia desde la que emitir su veredicto sobre las acciones que realizamos. Si queremos hacer luz sobre la referencia que utiliza, será bueno que nos fijemos en lo que ocurre cuando desoímos su voz. Y, finalmente, para verificar la bondad, o no, de la voz que hemos seguido, será necesario analizar las consecuencias que produce en nuestra persona.

Nos encontramos así con cuatro puntos que reclaman nuestra atención, para que el análisis sea completo.

El primero de ellos es la *conciencia*, como voz interior evaluadora. Pero el primer problema radica ya en el hecho de que no se trata de un concepto unívoco. Puede hablarse, en efecto, de varios tipos de conciencia moral: socializada, cerebral y autónoma (profunda o adulta)[4].

Cuando todo va bien, la persona pasa de la conciencia socializada –propia de la etapa infantil– a la cerebral –propia del adolescente– y a la autónoma o adulta..., aunque siempre queden huellas de las anteriores.

3. Visto desde el plano de las formas (psicológico), la responsabilidad aparece como una actitud o cualidad del yo. Más adelante veremos que, desde el plano profundo, la responsabilidad –como la libertad– es una realidad transpersonal, constitutiva de nuestra identidad profunda.

4. Tomo los conceptos de PERSONALIDAD Y RELACIONES HUMANAS (PRH), *La persona y su crecimiento. Fundamentos antropológicos y psicológicos de la formación PRH*, Madrid 1997, pp. 116-120. Sobre esta formación: www.prh-iberica.com

Vamos a acercarnos a cada una de ellas, viendo cuál es la referencia por la que se guían, qué ocurre cuando la infringimos y a qué consecuencias conduce. Todo ello quiere quedar reflejado en el siguiente esquema, que trataré de explicar a continuación.

Conciencia	Referencia	Infracción	Consecuencias
Socializada (infantil) ↓	Los otros (padres, amigos, ambiente, "Dios"...)	Culpabilidad, sentida como soledad y angustia	Hundimiento
Cerebral (adolescente) ↓	Los principios, las normas... ya internalizadas	Culpabilidad, sentida como decepción de sí, fracaso, autorreproche...	Hundimiento
Autónoma (adulta)	El bien de la persona tomada globalmente (que incluye el bien de los otros)	Pesar, dolor...	Responsabilidad. Movilización

Para la *conciencia socializada* –para quienes se conducen por ella–, el criterio que juzga la bondad o maldad de las acciones son los otros –o más exactamente, *nuestra necesidad de los otros*–. Así, es bueno lo que agrada a los otros y es malo lo que desaprueban. Por ella se conduce el niño que, al ser pura necesidad y carecer de otras referencias, tiene que agradar para obtener la aprobación y el reconocimiento que constituye su sustento imprescindible en forma de seguridad afectiva.

Pero también el adulto se deja guiar por esta conciencia cuando –de un modo consciente o inconsciente– va en busca de la aprobación de los demás. Decimos entonces que esa persona se halla alienada a una voluntad heterónoma, porque los hilos de su vida son manejados desde fuera.

Esos otros que constituyen la referencia pueden ser los padres, profesores, grupo de amigos o de colegas, opinión ambiental, modas..., o incluso "Dios" mismo (si se ha hecho de él un ser separado, como presencia heterónoma, y la persona busca su aprobación).

¿Qué ocurre cuando se infringe esta conciencia?: cuando el niño hace lo que desagrada a los padres, cuando quebrantamos lo establecido por el propio grupo, vamos a contracorriente de las modas, abandonamos el rebaño o desobedecemos los mandamientos que nos han presentado como voluntad de Dios..., siempre que alguien haga algo de esto, si se juzga a sí mismo desde la conciencia socializada, aparecerá el mensaje culpabilizador, acompañado en este caso de sentimientos de soledad y de angustia. ¿El motivo? Teme perder la aprobación de los otros o, peor todavía, puede ser condenado. En consecuencia, se sentirá solo y angustiado. Es decir, la infracción de la conciencia socializada conduce al hundimiento y a la tristeza paralizante.

En el campo específicamente religioso, esto es lo que suele experimentar la persona que vive a Dios como un "otro" exterior que guiaría la propia conducta desde fuera. Cuando una persona se deja conducir por este esquema en su vivencia religiosa, no es extraño que se sienta infantilizada, y que su actitud sea vista como inadecuada para alguien adulto.

¿Qué recurso le queda a la persona instalada en esa conciencia para superar la soledad o la angustia que se derivan de la infracción? Uno solo: intentar saldar, a toda costa, el error o pecado cometido, buscando el modo de que la persona ofendida por su conducta le ofrezca de nuevo su amor y su cercanía. Solo esto hace que se desvanezca la insoportable sensación de soledad culposa. Pero obsérvese que la "reparación" no nace de un planteamiento adulto, que buscara el bien, sino desde la pura necesidad infantil de lograr la aprobación ajena y de apaciguar la propia angustia.

Lo mismo vale en el campo religioso. Cuando el fiel que siente que ha ofendido a Dios, y que teme ser castigado de una u otra forma, se acerca a confesarse, si es movido desde esta conciencia, lo que en realidad va buscando es liberarse de la soledad, de la angustia y del temor al castigo. En este sentido, la confesión es vivida como liberación del malestar..., pero sigue reforzando la conciencia socializada y el mecanismo infantil y alienante.

En la *conciencia cerebral* se ha dado un paso más: la referencia por la que nos juzgamos ya no son directamente los otros, sino aquellos principios o normas que nos hemos dado a nosotros mismos. Evidentemente, tales "principios" han sido elaborados a partir de los otros y de los códigos aprendidos a lo largo del proceso de socialización, pero se encuentran ya internalizados.

Ahora bien, el hecho de nombrarlos como principios o normas no significa que respondan a lo que una sociedad o grupo determinado tienen como tales. Puede tratarse, en ocasiones, de reglas totalmente asociales o antisociales, que el adolescente se ha dado a sí mismo, a partir, por ejemplo, de una rebeldía contra sus padres o su entorno. Por poner un ejemplo gráfico: en una ocasión, una chica de dieciséis años me comentaba que ella tenía claro que "el fin de semana que no me emborracho, es un finde perdido". Ahí tenemos un caso claro de cómo pueden funcionar las "normas" de cada persona.

También el adulto puede manejarse por sus principios cerebrales, es decir, por aquellas pautas que, por un motivo u otro, se ha dado a sí mismo. En cualquier caso, no hay que confundir tales principios con la conciencia autónoma de la que hablaré a continuación. Lo que diferencia una cosa de otra es que, en el primer caso, el acento está puesto en la norma por la norma –sea la que sea, buena o mala, funcional o disfuncional–, es decir, en un criterio marcadamente mental, sin tener en cuenta el bien de la persona y de su entorno.

En el terreno religioso, esto se produce cuando la persona está anclada en lo que se conoce como legalismo: se atribuye al mandamiento religioso un valor absoluto, deificándolo y convirtiéndolo en una norma rígida. A partir de ahí, es buena la persona cuando lo cumple, y pecadora cuando no lo sigue.

¿Qué ocurre cuando se infringe la conciencia cerebral? La persona siente culpabilidad, pero el sentimiento que aparece ahora no es tanto soledad, cuanto tristeza, decepción de sí misma y sensación de fracaso: quien se exigía ser coherente con sus normas, descubre, una y otra vez, que falla y vuelve a fallar. Al juzgarse desde este tipo de conciencia, se vuelve contra sí decepcionado, en enfado y autorreproche que mina la confianza en sí mismo.

En la persona religiosa, la recriminación hacia sí puede tomar un relieve mucho mayor, debido al carácter absoluto del mandamiento infringido y a la autoridad supuestamente divina que lo refrenda. Los estragos que tales prejuicios llegan a provocar en la persona están a la vista y los conocen bien quienes los han padecido.

En cualquier caso, también aquí, la culpabilidad lleva al hundimiento y a la parálisis. Es claro que, tal como la estoy presentando, la culpabilidad es siempre patológica y patógena: consecuencia de que la persona está mal situada y, a su vez, generadora de trastornos o, al menos, de sufrimiento psíquico.

La *conciencia autónoma* es la "voz" adecuada para regir la vida de una persona que crece en madurez. Es adecuada, porque tiene en cuenta toda la realidad y orienta siempre en la dirección de la vida que busca desplegarse en toda su riqueza, con lucidez, sabiduría, ajuste y humildad.

Es la voz a la que, en algunas tradiciones de sabiduría, se la conoce como el "maestro/a interior", que orienta –a través de intuiciones, *insights*, resonancias...– en la línea del crecimiento, de un modo adecuado a la persona y al momento que vive.

La conciencia autónoma, a diferencia de las dos anteriores, no es rígida ni inflexible, sino ajustada a cada situación. Para desconsuelo de los fanáticos que absolutizan la norma y que asocian la conciencia a rigidez –hablando despectivamente de la "moral de situación", a la que acusan de relativista–, la conciencia autónoma es sabia, amorosa y abarcante[5]. Es ella la que nos permite superar la alienación –inevitable cuando somos regidos por cualquiera de las otras dos– y acceder a una experiencia auténticamente liberadora.

El criterio –o referencia– por el que se guía no es el capricho o el gusto individual del momento, sino el bien completo de la persona y de los otros. Eso es lo que hace que se oriente siempre a favor del despliegue de la vida, así como que sea ajustada a la situación concreta y "abarcante" –precisamente porque tiene en cuenta todos sus componentes–. La persona que se guía por la conciencia autónoma es capaz de vivir orientando su vida por esta pregunta: *¿qué es bueno para mí y para los demás en esta situación?*

En el campo genuinamente religioso, la conciencia profunda coincidiría con la llamada voluntad de Dios; más aún, aparecería así como la "voz de Dios" para cada persona, el santuario interior que nadie está legitimado para invadir. A diferencia del legalismo heterónomo, que parecía presentar una voluntad de

5. Por lo que se refiere a la actitud rígida, la ironía radica en el hecho de que el propio legalismo –que presume de no ceder a gustos, tendencias y deseos cambiantes– es igualmente relativista, al tomar como referencia unas meras etiquetas acerca de lo "bueno" y lo "malo", que son creaciones, inexorablemente relativas, de la mente limitada y estrecha. Resulta irónico que quien acusa a otros de "relativistas", se halle en un relativismo ni siquiera reconocido. Desde la comprensión no-dual, es claro que la mente y el yo no pueden evitar el relativismo. Este es trascendido únicamente en la rendición a la sabiduría mayor que reconoce –y permite– que la Vida se exprese libremente en cada circunstancia. Tanto el hedonismo a ultranza como el legalismo rígido son dos expresiones del mismo relativismo: ambos nacen del ego apropiador que identifica su interés con la verdad. Al trascender la mente, caen las etiquetas –acerca de lo supuestamente bueno o malo– en una actitud de rendición ante la Vida una que se expresa en todo.

Dios que iría en contra de nuestra propia voluntad, la conciencia profunda –leída ahora en clave religiosa– le hace reconocer a la persona que lo único que Dios quiere es que sea ella misma.

Ahora bien, del mismo modo que ocurría en las anteriores, la conciencia profunda puede también ser infringida, desoyendo su voz. ¿Qué ocurre entonces? A la persona que se mira a través de ella, la infracción le provoca un sentimiento de pesar y de dolor, bien por el daño que ha cometido, bien por el hecho de no haber sido fiel a sí misma. Es bueno dejarse sentir ese pesar y dolor, sin añadir ninguna historia mental sobre él; poco a poco, irá dando lugar a un sentimiento de responsabilidad –si no hay añadidos mentales, la culpabilidad no aparecerá–, que nos indicará desde dentro el camino a seguir.

Y así como la culpa –que aparece al infringir tanto la conciencia socializada como la cerebral– conduce inexorablemente al hundimiento, la responsabilidad, por el contrario, es portadora de un dinamismo interno que moviliza a la persona hacia la acción adecuada que nace de la comprensión de lo ocurrido.

La contraposición entre ambas queda magníficamente expuesta en este brillante texto de Mónica Cavallé: "Ser responsables es asumir que nuestras acciones son nuestras, y asumir igualmente las consecuencias de las mismas. Sentirnos culpables equivale a dividirnos interiormente, a enajenarnos de nuestras propias acciones, ya que estas se atribuyen a «otro», a una parte de nosotros que es considerada mala y merecedora de castigo. La culpabilidad nos entristece y nos vuelve hostiles con nosotros mismos. Nos paraliza y nos torna impotentes. Nos ciega a nuestra divinidad intrínseca. Nos envilece en la medida en que nos identifica con nuestras conductas, atribuyéndonos el calificativo que damos a las mismas, y eclipsa la grandeza y pureza de nuestro ser. La responsabilidad nos potencia y dignifica al recordarnos nuestro poder creador –el mismo que nos permite tomar conciencia de nuestros juicios errados–. No excluye el arrepentimiento ni el dolor por el daño causado; pero el dolor serenamente asumido no es tristeza ni impotencia, sino parte de la toma de conciencia del error que nos abre a una nueva comprensión y a una creciente libertad"[6].

Ese mismo contraste queda aguda y bellamente expresado en un poema inédito de Esther Fernández Lorente, titulado precisamente "La responsabilidad y la culpa"[7]:

"La responsabilidad y la culpa
caminan juntas sin rozarse
o acaso algunas veces se mezclan
o se sientan al borde de la herida
una cercana y serena, la otra doblada
hacia dentro de su propio sentimiento.
En ocasiones, cuesta distinguirlas,
cuando vistiendo su dolor, a paso lento,
hablan del error y de las consecuencias,
de cómos y porqués, llenos de dudas.

Pero si muestran el hueco donde habita
el fundamento de su ser, vemos un ego
que se flagela, en el centro de la culpa,
un ego herido que no ha estado a la altura,

6. M. Cavallé, *El arte de ser. Filosofía sapiencial para el autoconocimiento y la transformación*, Kairós, Barcelona 2017, pp. 178-179. Tal como escribe en otro lugar la misma filósofa, *"el autodesprecio marca la diferencia entre la culpa y el sano arrepentimiento"*: M. Cavallé, *El coraje de ser. La aventura del autoconocimiento filosófico*, Kairós, Barcelona 2024, p. 136.

7. Esther tiene publicados dos poemarios: *Abrazar la paradoja*, Carena, Barcelona 2023, y *Comprensión. Ver Aceptar Amar*, Rilke, Madrid 2024.

un ego grande que se apropia hasta del daño
y cubre la herida para que no vean
o exhibe su agonía entre lamentos.
¡Una culpa que se mira a sí misma!

Transparente, la responsabilidad,
contempla con compasión el propio gesto
y ofrece la mano humilde si el dolor duele
ofrece la mano abierta al error humano,
y aprende la confianza en la dificultad,
ve y comprende y restaura y sigue
caminando sin mezclarse con la culpa
caminando sin sentirse el centro del universo".

Ahora bien, la conciencia moral, no solo orienta nuestras acciones antes de emprenderlas, sino que juzga también los actos una vez ya realizados. Este punto me parece particularmente importante porque permite liberarnos de culpabilidades angustiosas, con solo hacernos conscientes de que nos estábamos juzgando desde una perspectiva equivocada. En concreto, si después de una acción, siento hundimiento, eso es indicio de que he caído en la culpabilización, lo cual a su vez me indica que estoy juzgándome desde una conciencia socializada o cerebral, es decir, desde una perspectiva errónea. En la medida en que me sitúe en la conciencia autónoma, sentiré liberación: no entraré en la trampa de la justificación ni en una actitud irresponsable, pero podré comprender y asumir la responsabilidad de un modo adulto. Brevemente, podré decirme a mí mismo: "No soy culpable de nada; soy responsable de lo que he hecho o he dejado de hacer".

Esto explica que una misma acción puede generar sentimientos diferentes según sea la conciencia desde la que la percibamos. Veámoslo en un ejemplo sencillo. Imaginemos que falto al respeto a una persona. Una vez pasado el momento, mi estado de ánimo variará a tenor del "lugar" donde esté situado. Las alternativas posibles serían las siguientes:

Sentimiento	Nace de...
Indiferencia o incluso autojustificación.	*Irresponsabilidad infantilizante* (que tratará incluso de "justificar" la acción desde la conciencia cerebral).
Culpabilidad, con sentimiento de soledad y angustia: miedo a que me deje de querer o me juzgue negativamente. Hundimiento y parálisis.	*Conciencia socializada.*
Culpabilidad, acompañada de decepción hacia mí mismo, provocada por mi "mal comportamiento"; autorreproche, enfado conmigo. Hundimiento y parálisis.	*Conciencia cerebral.*
Pesar, dolor: por haber provocado dolor a otra persona, y por ser infiel a quien realmente soy. Responsabilidad y movilización interior que me lleva a una acción eficaz.	*Conciencia profunda o autónoma.*

En conclusión, bajo esta perspectiva psicológica y moral, queda claro que *solo la conciencia autónoma favorece el crecimiento de la persona*. Las otras infantilizan y alienan.

Esta es la gran aportación de la psicología. Sin embargo, hasta aquí nos hemos movido en el mundo de lo relativo, aquel que –dentro de la representación– da por buenas las ideas comunes acerca del yo y del libre albedrío. En este nivel, donde nos parece –o "jugamos" a– ser libres, entran en juego necesariamente la responsabilidad y la conciencia. Sin embargo, en el nivel profundo, todo aquello forma parte del propio juego que se representa. Por eso, la aportación que viene de la espiritualidad –o sabiduría– contiene otro nivel de profundidad. Trataré de acercarme a describir lo que se percibe en el plano profundo, más allá de la mente, del modo más sintético posible.

Desde la espiritualidad: *la culpa no existe*

Desde el *estado mental* de consciencia –aquel en el que la mente analítica se absolutiza, erigiéndose en criterio último de verdad–, parece evidente que las cosas son como la mente las percibe, hasta el punto de considerar como delirio cualquier otra lectura. Una mente absolutizada tiene que hablar, necesariamente, de una realidad igualmente "absoluta": las cosas son como yo las percibo.

En ese estado, la persona se define como un yo separado y cree reducirse al mismo. ¿Cómo podría dudar de lo que mi mente me dice acerca de mí sin caer en el desvarío? A partir de aquel primer pensamiento, por el que me defino, la mente construye todo un edificio de supuestas verdades incuestionables desde las que funcionamos en nuestra vida cotidiana. Así, damos por supuesto que somos un yo separado, libre y responsable, capaz de obrar el bien o el mal, por lo que debe ser juzgado y, en consecuencia, premiado o castigado.

La sutileza e incluso belleza de la naturaleza paradójica de la realidad –nosotros mismos incluidos– radica en el hecho de que, visto desde el estado mental –desde el nivel de las formas–, todo ello tiene sentido porque, *dentro de ese estado*, posee un estatus de realidad, aunque solo sea, valga la paradoja, la *realidad de lo aparente*, no muy diferente a como nos parecen reales las escenas de los sueños mientras estamos dormidos.

La trampa surge en el instante mismo en que se absolutiza, como si tal lectura fuera la única y definitiva verdad. Cuando eso ocurre, se ignora la otra dimensión de lo real, el otro polo de la paradoja, el nivel profundo que sostiene todo y del que están surgiendo en permanencia todas las formas. Los sabios se han referido a ese olvido como ignorancia radical.

Sin embargo, lo que se percibe en ese otro nivel –o *estado de presencia*– es algo radicalmente diferente, en lo que es preciso detenerse.

En el capítulo anterior llegamos a una conclusión totalmente decisiva para la cuestión que ahora nos afecta: el *único sujeto realmente real* es, por definición, *"Eso" que es consciente de los objetos*. A falta de nombre adecuado –lo que no es objeto no puede ser nombrado adecuadamente–, nos referimos a él como consciencia, presencia consciente o, simplemente, vida.

Si ese es el único sujeto, significa que todo lo demás –aquello que podamos nombrar, pensar u observar– son solo objetos o contenidos de consciencia. Visto desde este nivel, el yo no es nada más que un objeto. ¿Cómo habría de ser un sujeto libre y responsable? Una cosa es que así sea percibido en el plano mental –del mismo modo que cree existir el personaje del sueño..., hasta que salimos del mismo–, y otra bien diferente es que sea realmente real.

Ello significa *–hablando siempre desde el plano profundo–* que la culpa no existe. Se trata de otra creencia más, con la que nos movemos en el nivel de las formas –donde juega su papel–, pero todo acaba ahí. De la misma manera que, para funcionar en el mundo fenoménico, necesitamos creer que somos libres, así también asumimos la responsabilidad de lo que hacemos, considerando al yo –tal como aparece en ese estado de consciencia– como sujeto libre y responsable.

Pero, visto desde el plano profundo, la realidad es otra. No existe ningún yo libre ni responsable, sino únicamente formas en las que se despliega y expresa temporalmente la consciencia (la vida) como único sujeto real. El libre albedrío era solo una creencia, y eso mismo es igualmente la culpa: ambos no existen nada más que en la mente que se las apropia.

La comprensión profunda nos hace ver que todo es un desplegarse del único sujeto –la vida, si queréis ese nombre–, a través de los papeles que cada ser representa. Cuando se hace presente esa comprensión de un modo experiencial, toda la lectura mental se modifica por completo. ¿Qué ocurre entonces con el yo, su supuesta libertad, las mismas nociones de bien y mal y la idea de la culpa?

La comprensión profunda diluye la reducción al yo y a todo lo que lleva aparejado: la libertad, la responsabilidad y la culpa. Desde el nivel psicológico ya habíamos constatado que la maldad es fruto solo de la ignorancia o inconsciencia. Desde esta nueva comprensión caen por tierra todas aquellas especulaciones que tenían aparente validez en el mundo de las formas.

"La culpabilidad –escribe Robert Eymeri– se detiene por completo cuando se comprende que no se es ni el pensador de los pensamientos ni el hacedor de las acciones. Se es la Vida, que se está viviendo y desplegando. Se es vivido por la vida, pensado por la vida, respirado por la vida. Ahí cesa la creencia en la separación. Ahí acaba definitivamente el control y lo que ahí se encuentra es nuestra más profunda felicidad"[8].

Comprendo las resistencias que un planteamiento como este provoca, que no muestran sino la extrema disonancia cognitiva que produce en la mayoría de las personas. ¿Cómo no habrían de saltar unas y otras viniendo de donde venimos? Destaco únicamente los datos más relevantes.

8. R. Eymeri, *Le bonheur quoi qu'il arrive. Propos fulgurants d'Armelle Six*, Almora, París 2016, p. 145.

A lo largo de toda la historia de nuestra especie, con algunas excepciones sabias, hemos vivido creyéndonos poseedores de libre albedrío, sobre el que hemos construido además todo nuestro ordenamiento colectivo: el mérito y la recompensa, la culpa y el castigo, el juicio y la condena, la división de los humanos en dos bloques: buenos y malos, justos y pecadores... No se puede tocar aquella creencia primera sin que aparezca el pánico de que todo el edificio se venga abajo y, con él –aunque no lo advirtamos ni seamos capaces de admitirlo conscientemente–, toda nuestra seguridad.

Tan ofuscados hemos vivido con esa creencia que no parece que nos hayan preocupado y ni siquiera hayamos advertido las consecuencias que de ella se derivan, en forma de juicio, descalificación, condena, orgullo, culpabilidad... Sobre esa base han funcionado religiones e ideologías, desde el cristianismo al marxismo, caracterizadas todas ellas por un marcado dualismo –que divide a los seres humanos, religiosa o políticamente, en buenos y malos– y una extrema consciencia de separatividad, que nos hace ir colocando etiquetas constantemente a todas las personas. Consecuencias que únicamente podrán superarse cuando seamos capaces de reconocer el engaño que sostiene a aquella creencia.

No existe el libre albedrío; el único sujeto realmente real es la vida[9]. Hablando desde el nivel profundo, carece de sentido, por tanto, pedir cuentas a nadie. Basta comprenderlo, para que caigan por tierra las ideas del mérito y del fracaso, del premio y el castigo, del orgullo y la culpa. No existe ningún hacedor libre a quien premiar o castigar. Miremos donde miremos, la vida es

9. Llevo un tiempo dando forma a un libro, que quizás se titule *Nadie es libre*, en el que quiero abordar esta cuestión del modo más riguroso y pedagógico que me sea posible.

la única "responsable" de todas las acciones. Esto no solo no es una invitación a la dejadez –como desarrollaré a continuación, no hay nada que nos movilice y dinamice más que la comprensión de que somos vida–, sino que abre, por fin, un horizonte inédito para nuestra forma de comprendernos, de relacionarnos y de vivirnos. Un horizonte –otra paradoja más– de plena libertad. Porque exactamente eso es lo que se produce: cuando reconocemos que no hay ningún yo que tenga libre albedrío, se nos hace patente que somos libertad. Lo único que nos impedía verla era nuestra identificación con el yo, que, falsamente, presumía de ser libre. Tal como escribe acertadamente José Díez Faixat, "la presunta libertad del yo individual es, paradójicamente, su esclavitud, ya que es precisamente la creencia de ser una entidad personal lo que impide reconocer al Sí mismo real, eternamente libre. Nadie que crea ser alguien puede descubrir esa libertad originaria"[10].

La Vida es lo único real, el único sujeto. Todo lo que nos entra a través de los sentidos no son sino "disfraces" que la propia Vida adopta. No existe tal cosa como un yo (libre, autónomo...); lo que llamamos "personas" no son sino "papeles" (personajes) ocupando su lugar en esta grandiosa representación de lo real.

Es conocida la crítica radical y rotunda a la creencia en un yo hacedor desarrollada por Ramesh Balsekar, tal como queda reflejada en sus libros –sobre todo, en *Habla la Consciencia*[11]– y en una entrevista que hace unos años le hiciera Chris Parish[12]. Cuando se lee y se escucha ese mensaje desde el *nivel profundo*,

10. J. Díez Faixat, *Siendo nada, soy todo. Un enfoque no dualista sobre la identidad*, Dilema, Madrid 2007, p. 138.
11. R. Balsekar, *Habla la consciencia*, Kairós, Barcelona 2004.
12. https://www.nodualidad.info/entrevistas/ramesh-balsekar-1998.html

en el que fue pronunciado, me parece totalmente certero y puede captarse desde la analogía con el sueño. De la misma manera que los personajes que aparecen en este creen actuar por su propia cuenta, cuando la realidad es que todo lo hace la mente del soñador, en la vigilia pensamos que somos hacedores, siendo así que es solo la consciencia la única que actúa a través de los diferentes organismos.

Con todo, compartiendo plenamente esa comprensión, comprendo también que en muchas personas pueda producir sorpresa y rechazo, por la manera en que echa por tierra creencias tan queridas como arraigadas. No solo eso: asumiendo las afirmaciones del sabio hindú, me parece pedagógico añadir una matización de "andar por casa", aunque solo sea como una concesión a la mente. Si bien es cierto que, hablando con rigor, no existe la libertad individual –no existe ni siquiera un yo hacedor–, sin embargo, la creencia en ella –y la percepción subjetiva de que poseemos libre albedrío– es el truco que utiliza la consciencia para que todo el mundo fenoménico o de las formas pueda funcionar.

A partir de aquí, se entiende con claridad su tajante afirmación. Cuando el entrevistador le pregunta qué es exactamente lo que enseña, le responde: "Realmente puedo ponerlo en una frase. La frase en la cual mi enseñanza entera está basada es: *«Hágase tu voluntad»*". No podría ser de otro modo: la comprensión de que, *en el nivel profundo*, no existe ningún yo hacedor, sino que es la consciencia el único actor, conduce a comprenderse y vivirse en plena docilidad como, por otro lado, han reconocido los místicos y místicas de todas las tradiciones, teístas o no. Pero..., ¿qué significa exactamente *"hágase tu voluntad"*? ¿No induce esa actitud a una pasividad completa?

¿No hay nada que hacer?

Es justo en este momento donde suele hacerse presente una trampa sutil –se cuela de forma inadvertida– y, al mismo tiempo, frecuente, como puede apreciarse en la manera de expresarse personas y grupos que se mueven por ámbitos llamados "espirituales" o "no-duales". Como era de esperar, la trampa nace del olvido *práctico* de la paradoja y pervierte todo el planteamiento relativo al modo de entender nuestra acción en el mundo.

Me refiero a aquella actitud que se pone de manifiesto en expresiones que tienen sabor de pasividad, dejación o resignación: "todo es obra de la consciencia, no hay nada que hacer", etc. Por ejemplo, hace unos días, una persona me enviaba esta frase que aparece en la Lección 268, de *Un Curso de Milagros:* "Fui creado en el Amor y en el Amor he de morar para siempre. ¿Qué podría asustarme si dejo que todas las cosas sean exactamente como son?".

Tal vez, al ser el lenguaje tan limitado, incluso las expresiones de las personas más sabias reclamarían ser "ajustadas", para evitar que fueran erróneamente interpretadas. Lo explico más detenidamente.

Con frecuencia, la mente da por descontado que una afirmación determinada contiene la negación de otra que aparezca como contraria. Por referirme a la frase citada: la expresión "dejar que todas las cosas sean como son" parece oponerse a la necesidad o incluso la urgencia de modificarlas. Y, sin embargo –esta es la sabiduría de la paradoja–, la verdad solo se da en el abrazo *simultáneo* de ambas afirmaciones. El reconocimiento de que, *en el plano profundo*, todo está bien, no deriva en pasividad, sino que se plasma en apertura a la acción que "pasa" a través de nosotros. Lo que ocurre –y aquí radica la razón del equívoco– es que la mente analítica se muestra incapaz de percibir la paradoja ahí contenida.

Eso explica también que, cuando no se "ajustan", aun siendo ciertas o al menos susceptibles de una lectura adecuada desde el plano profundo, afirmaciones de ese tipo incurren, con tanta facilidad como frecuencia, en un error de bulto.

La causa de ese error –que suele conocerse como "pseudoespiritualismo" más o menos alienante– me parece ser doble: por un lado, porque se traslada al nivel de las formas lo que solo podría ser válido en el nivel profundo: afirmar que en este último *"todo está bien"*, no impide reconocer que, en el plano de las formas, *"hay mucho que mejorar"*. De nuevo, la presencia de la paradoja. Para que expresiones de este tipo no induzcan a error, sería necesario completarlas –dando razón de nuestra paradoja–, con la verdad que corresponde al nivel de las formas: dejo que todas las cosas sean como son... y –al mismo tiempo– trabajo para que todo sea lo que está llamado a ser. Lo que nos aporta la comprensión no-dual es que *el sujeto real de ese trabajo no es el yo*, así como tampoco la tarea a realizar es la que él programa. El sujeto es la consciencia que somos y la tarea brotará de manera genuina y ajustada en tanto en cuanto vivamos en conexión consciente con nuestra verdadera identidad.

Pero me parece detectar otro motivo quizás más profundo: da la impresión de que tales afirmaciones, sin matización alguna, solo pueden surgir de quien, *en la práctica*, aun sin advertirlo, *piensa* la consciencia en clave dualista –por más que verbalmente proclame la no dualidad–, es decir, como algo separado.

Eso ocurre cuando alguien afirma, por ejemplo, que "todo es consciencia", pero la sigue *pensando* como una realidad separada de sí mismo. ¿Qué se deriva de ahí? Probablemente, una actitud de dejación, desinterés por las cosas, pasividad..., que fácilmente podría culminar en relativismo y nihilismo.

Pero es bueno advertir que el desajuste de estas actitudes no nace de la comprensión de lo real, sino justamente del olvido de aquello que somos. Quien se sabe consciencia, siente dinamismo y poder creador. Cuando lo comprendemos experiencialmente, todo se unifica de manera armoniosa. En el momento mismo en que comprendo que soy uno con la consciencia o la vida, me experimento, *a la vez*, como creatividad y como cauce por el que pasa la acción. Pero, en este momento, no estamos hablando del yo particular –que es solo un papel–, sino de lo que realmente somos.

Más en concreto: cuando la afirmación "todo es obra de la consciencia" nace de la comprensión experiencial y práctica de lo que somos, nos moviliza por completo y se manifiesta como acción creativa y como responsabilidad ante lo real. Ahora bien, no una responsabilidad atribuible al yo particular, sino en cuanto disposición transpersonal que procede de la realidad misma, y que podría expresarse de este modo: la consciencia *responde* de manera creativa a lo que surge en cada momento.

La comprensión de que, en mi identidad profunda, soy la consciencia me dinamiza por completo. Y al decir que *todo es obra de la consciencia*, me siento directamente concernido en lo profundo de mí. No es que mi yo apele a la responsabilidad –eso sería solo una falsa creencia–, sino que la responsabilidad (transpersonal) moviliza a mi persona, de una manera gratuita y desapropiada.

Lo captaremos mejor si entendemos que *la libertad –así como la responsabilidad, el amor y lo que solemos llamar "compromiso"– son realidades transpersonales.* Porque el sujeto de las mismas no es el yo –que podía pensarlas como cualidades que lo adornan–, sino la propia consciencia. Pero –esta es la clave a tener siempre en cuenta– esa consciencia es lo que somos *–nuestra verdadera identidad es también transpersonal–*, y desde ella podemos vivirnos. Lo que entonces ocurre es unificación, armonía, gratuidad y desapropiación..., que no nacen del yo –que sigue siendo solo un papel, a merced de la comprensión o no que se haga presente en él–, sino de la propia consciencia[13].

Viniendo a nuestro tema, no hay libre albedrío, tampoco orgullo ni culpa; solo hay papeles que se representan en este juego. Pero, *al mismo tiempo*, en el plano profundo, somos libertad y responsabilidad. Los dos niveles de la paradoja quedan resueltos en la comprensión no-dual. Porque vivir una mayor o menor libertad y responsabilidad no depende del yo, sino de la propia luz (o comprensión) que nace de la consciencia.

13. Todo empieza a confundirse cuando olvidamos que nuestra identidad es transpersonal, como transpersonales son las realidades o valores mencionados. Al olvidarlo, nos reducimos al yo (ego) o caemos en una especie de pseudo-espiritualismo desconectado de lo real. Por el contrario, al conectar conscientemente con nuestra verdadera identidad, ahí encontramos la plenitud: amor, paz, libertad, compromiso... No ha cambiado nada, pero todo se ha modificado. De modo que bien podrían aplicarse aquí las sabias palabras de Simone Weil: "*La perfección es impersonal* [transpersonal]. *La persona en nosotros* [nuestra tendencia a "personalizar" todo] *es la parte del error*".

La comprensión: donde todo encaja

Una vez más es necesario decir que se reconoce la verdad relativa del llamado mundo de las formas o nivel manifiesto, como parte del despliegue, representación o juego de la consciencia. Pero la sabiduría hará que no olvidemos nuestra verdadera identidad –no el yo, sino *Eso que es consciente*– y que vivamos el despliegue histórico secuencial desde la comprensión de que somos Eso que ya es pleno.

¿Cómo somos capaces de captar la paradoja que nos constituye y vivirnos desde la verdad de lo que somos? La respuesta es simple de expresar: tal comprensión es el resultado de que *la consciencia en nosotros ha empezado a ser autoconsciente.* Lo cual nos capacita para apreciar ese "doble nivel" de la paradoja, aunque haya sido al precio de quedar –momentánea y temporalmente– subyugados por la lectura mental y reducidos a la forma del yo.

En nuestra condición paradójica –la vivencia del doble nivel: la consciencia que *somos*, expresándose en la personalidad que *tenemos*–, nos es posible hablar de responsabilidad –que presupone la libertad individual– en uno de esos niveles. Sin embargo, en lo más profundo no existe nada de ello, porque el propio yo –supuesto sujeto libre y responsable– se desvela en lo que es: un mero pensamiento, solo una idea, resultado de la actividad de la mente y de la naturaleza apropiadora de esta.

En el *estado mental*, la persona se mueve como si fuera un sujeto autónomo, capaz de decidir y de controlar, tomando como absolutamente reales las formas que aparecen en ese nivel. Hemos visto que la creencia de que somos libres es condición indispensable para el despliegue de todo este mundo fenoménico.

Sin embargo, en el *estado de presencia*, la comprensión nos muestra que tales formas –el yo incluido– son verdaderas en su nivel, pero no realmente reales. *Eso que es consciente* es plenitud de presencia, donde "todo está bien". En ese nivel profundo y pleno, todo, sencillamente, es.

¿En qué consiste la sabiduría? O lo que es lo mismo, *¿qué nos cabe hacer?* De entrada, una única cosa: comprender lo que somos y vivirnos desde ahí. Ahí nos experimentamos como libertad, fluimos con lo real y nos vivimos como cauces –nuestra forma temporal o yo– a través de los cuales la Vida –que somos– fluye de una manera creativa.

Soy la totalidad –Eso que es consciente– expresándose libremente y soy, a la vez, el yo particular que se cree libre..., sin darse cuenta de que esa creencia es obra también de la misma totalidad. Con otras palabras: tal como ha quedado dicho, la creencia en el libre albedrío –así como la percepción o sensación subjetiva de ser libres– es el truco de que dispone la totalidad o consciencia para motivarnos a la acción, para conseguir que sea posible todo este despliegue en que nos hallamos.

¿En qué se traduce, en la práctica cotidiana, la sabiduría que encierra esta exquisita paradoja? El arte del sabio consiste en jugar este juego sin creérselo del todo. Actúa desde la "creencia" en su libre albedrío –como si realmente fuera libre–, pero en lo profundo sabe que no es del todo así. Ese delicado equilibrio diluye, al mismo tiempo, la culpa y el orgullo, el mérito y el castigo, el juicio y la condena, la ansiedad y el abatimiento –origen de tanto sufrimiento neurótico–, y es fuente de armonía, de ajuste y de actitud adecuada.

Todo se ventila en la comprensión. La ignorancia práctica nos encierra en laberintos de confusión y de sufrimiento, donde nos debatimos en discusiones mentales interminables. Al comprender experiencialmente, se nos regala lucidez, plenitud y liberación del sufrimiento mental. La culpa –por referirme al tema que nos ocupa– se diluye, de la misma manera que se desvanece el yo, mientras emerge el reconocimiento de nuestra verdadera identidad –consciencia o vida–, que en sí misma es libertad y responsabilidad (transpersonal). Lo cual, aun tratándose de niveles diferentes, casa bien con el punto adonde nos llevó el análisis psicológico.

La psicología, desmontando como erróneo el mensaje mental de la culpa, nos había conducido hasta la *responsabilidad personal*. Pero ¿qué es exactamente ser responsable sino "responder" a lo que la Vida nos trae? ¿No es sencillamente fluir con lo que es?

La metáfora del remolino me parece elocuente: el agua del río (la vida) corre libremente cauce abajo; de pronto, algo parece interponerse en su camino dando lugar a un remolino. Una vez formado, este gira sobre sí mismo, resistiendo a la corriente del agua, tratando de mantener su forma, como si fuera en realidad algo separado de la misma corriente. El remolino podría creerse libre y capaz de controlar su destino. Pero, mirado en profundidad, se ve que todo es un error: aun en esa forma particular, no es sino agua. Solo cuando lo reconozca, recuperará su verdadera identidad y, con ella, la liberación[14]. Seguirá teniendo la forma de remolino pero, una vez comprenda que es agua, cesará de manera definitiva la identificación con aquella forma.

14. E. Martínez Lozano, *Metáforas de la no-dualidad. Señales para ver lo que somos*, Desclée De Brouwer, Bilbao 2018, pp. 131-134.

En realidad, hablando con rigor, el remolino ni siquiera existe. Lo que existe es un "patrón" que hace que el agua, al llegar a ese punto, *adopte la forma* de remolino.

La persona es un remolino que ha olvidado que es agua. La comprensión nos permite reconocer lo que realmente somos. Y nos hace ver que todo, sencillamente, fluye; y que todo es como tiene que ser.

No hay nadie que controle; en cada momento las cosas fueron como tenían que ser y hoy, con la misma luz de entonces, volverían a ser exactamente igual. No hubo ni hay culpables; hay personajes representando un papel.

Soy consciente de que esas afirmaciones, leídas desde el estado mental, son fácilmente malinterpretadas y automáticamente descalificadas, porque parecen inducir a una desvalorización o incluso negación completa del nivel de lo particular o de las formas. Sin embargo, no es así. Todo es mucho más sutil.

La comprensión de que somos Vida no niega en absoluto el valor de las formas; lo que hace es capacitarnos para vivir todo *desde* otro lugar, desde nuestra verdadera identidad. Y en esto consiste el camino de la sabiduría o espiritualidad: lo decisivo no es lo que hacemos, sino *desde donde* lo hacemos.

El "lugar" donde estamos es radicalmente deudor del nivel de consciencia que hay en nosotros, o dicho con más rigor, de la consciencia que ilumina en cada momento. Por ese motivo, no hay culpables; hay un determinado grado de consciencia. Y, sin embargo, en una nueva paradoja, no solo es posible el cambio, sino que surge en el momento mismo en que crece la comprensión de lo que somos..., como ocurría con el remolino en cuanto "comprendió" que era en realidad agua.

La mente tiende a "olvidar" o pasar por alto nuestra naturaleza paradójica. Tal olvido equivale en la práctica a una confusión que lleva a negar uno de los dos niveles: la negación del nivel profundo da como resultado una visión materialista (reduccionista) de lo real; por el contrario, cuando se niega el nivel de las formas se cae en una especie de monismo, no menos reduccionista, que se desentiende de las formas, descuidando todo lo que tiene que ver con lo psicológico, lo relacional, lo social, lo político... El materialismo es así sustituido por un pseudo-espiritualismo conformista, tal como parecen proponer tanto algunas corrientes de la Nueva Era como algunos representantes de lo que se ha dado en llamar neoadvaitismo occidental.

Frente al dualismo y al monismo que nacen de la mente, la sabiduría ha reconocido siempre la naturaleza no-dual de lo real. Lo cual significa, en lo concreto, vivir el cuidado de las formas desde la conexión con lo que somos. La realidad no es como nuestra mente la ve –una suma de objetos separados–, ni son tampoco adecuadas las ideas que nuestra mente tiene del yo, de la libertad y de la culpa.

Ahora bien, el reconocimiento de la vacuidad de lo que llamamos yo no desemboca en un fatalismo resignado y, en último término, narcisista. Más bien al contrario, la comprensión, que nos revela nuestra verdadera identidad, guía toda nuestra acción de una manera adecuada, sabia, desapropiada y eficaz.

No hay culpables –tal como nos vienen confirmando las neurociencias, no existe un yo separado que pretendiera ser libre y regirse por determinados principios–, como tampoco hay lugar para el orgullo ni para la culpa. Lo que nuestra mente percibe es únicamente una representación, juego o manifestación, en la que la consciencia se despliega a través de infinitos guiones y papeles. Pero nosotros no somos el papel que nos ha correspondido, sino la misma consciencia que en todos ellos se hace presente. Somos uno con la Vida, uno con el universo, uno con todo lo real: la paradoja consiste en el hecho –inalcanzable desde la mente– de que "determinismo" es lo mismo que "libertad". En efecto, *si soy uno con el universo, no existe mayor libertad que la de alinearme con él.* Entonces, y solo entonces, se ha superado el relativismo. Porque no me guío por las ideas de mi mente acerca de lo bueno y lo malo –siempre e inexorablemente relativas–, sino que fluyo con la Totalidad.

Al comprender que soy Vida, se me hace también patente que todo otro es no-otro de mí. Desaparece completamente el juicio y la condena. Y comprendo que, en realidad, el perdón consiste en reconocer que no hay nada que perdonar.

De ahí que, tal como escribiera Aldous Huxley, "mejor que perdonar, es sanar la imaginaria herida, que el imaginario agravio abrió en el herido ego del aparente [imaginario] yo".

Tampoco le falta razón al biólogo y neurocientífico Robert Sapolsky, cuando señala que una gran parte de la miseria de la humanidad se debe a mitos sobre el libre albedrío. Pensemos, simplemente, para cuántas personas la vida ha consistido en ser culpadas, castigadas, privadas e ignoradas por cosas sobre las que en realidad no tenían ningún control. Todo ello cae cuando comprendemos que, como él mismo afirma en una entrevista reciente, "el libre albedrío es un espejismo mental. Nos ayuda a dar sentido a nuestras acciones y a responsabilizarnos de ellas, pero no es real"[15].

15. R. Sapolsky, *Decidido. Una ciencia de la vida sin libre albedrío*, Capitán Swing, Madrid 2024.

A la mente (al yo) este planteamiento le chirría porque le parece que no hace justicia a lo que ocurre. Es comprensible que lo vea de ese modo cuando parte del supuesto de que quien hace el mal lo hace libremente porque es malo. Sin embargo, todo se modifica cuando se tiene en cuenta lo que se nos desvela en la comprensión y que podría formularse de manera gradual: 1) cada cual hace en cada momento todo lo que puede y sabe; 2) cualquier otra persona en su lugar, con sus condicionamientos y sus representaciones mentales, habría hecho exactamente lo mismo; 3) el que actúa no es en realidad el (inexistente) yo, que es solo un papel que está siguiendo el guion de la consciencia; 4) la comprensión, mostrando la verdad de lo que somos, nos conecta con la libertad y la responsabilidad (transpersonal); 5) la comprensión, consciente y práctica, de lo que somos nos permite vivir desde nuestra verdadera identidad, que es creatividad y amor.

Por ello, mientras el sentimiento de culpabilidad –nacido en última instancia de la creencia errónea de la separación– sumerge a la persona en la tristeza y el miedo, la comprensión nos libera de la confusión y del sufrimiento y nos permite hacer pie en la confianza.

5

El camino sabio o espiritual: confiar siempre

La culpabilidad conduce a una existencia marcada por el miedo, desde la creencia, consciente o no, de que se es indigno o no (del todo) merecedor de vivir. La liberación de la culpa conlleva, por eso, la liberación del temor, en lo que bien podríamos escenificar como un camino: el que va del miedo a la confianza radical.

Hay otros modos posibles de nombrar ese tránsito: es el paso de la culpa al reconocimiento de la inocencia esencial, o de la consciencia de separatividad a la consciencia de unidad.

Sea cual fuere la manera en que se exprese, el camino de la sabiduría –o de la espiritualidad– nos regala *un modo de vivir marcado por la confianza incondicional*, que viene sencillamente de la mano de la comprensión de quienes somos en profundidad.

Resistencias a confiar

La mirada de la confianza es lo opuesto a la mirada de la culpa. Esta, como la vergüenza, genera actitudes recelosas y encierra a la persona en una espiral de miedo que fácilmente trunca la confianza y agosta la alegría: *la culpa cercena de raíz la alegría de vivir.*

Lo contrario a vivir culpabilizado y atemorizado es vivir confiado. La confianza viene de la mano de la seguridad afectiva, la cual a su vez se gesta y se cultiva, prioritariamente, en el vínculo seguro con la figura materna. Cuando el niño vive un apego seguro –que incluye amor incondicional, hasta donde nos es posible vivirlo a los humanos–, experimenta seguridad, que consolida una especie de plataforma de confianza en la que hace pie con facilidad. Podrá ser sacudido por dificultades y crisis a lo largo de su existencia, pero no le será difícil afrontarlas desde aquella confianza básica y fundante que recibió como regalo en la relación con sus cuidadores primarios o con figuras afectivamente significativas para él.

Por el contrario, la falta de apego seguro, que impidió crecer en el niño el sentimiento de pertenencia, junto con el sufrimiento provocado por el hecho de no sentirse reconocido, creó una herida de inseguridad afectiva, generadora de la desconfianza. Una vez instalada, no solo coloreará toda la existencia del niño, sino que lo mantendrá en una resistencia, consciente o no, a confiar en la vida (y en los otros).

Se comprende que el niño herido sea desconfiado y viva a la defensiva, es decir, que ponga resistencias para confiar. El motivo no es otro que aquellas primeras experiencias afectivas que le provocaron frustración y activaron en él patrones de pensamiento y de comportamiento marcados por la defensa, el recelo, la suspicacia, la prevención, la agresividad y, con frecuencia, la evitación y la huida.

Con todo, el origen de las resistencias para confiar no procede únicamente del terreno psicológico. La otra raíz, probablemente más poderosa, se encuentra en la consciencia de separatividad y, en última instancia, en el error acerca de la propia identidad. Una vez más, advertimos que todo se ventila en la respuesta a la primera pregunta: *¿qué soy yo?*

Mientras el individuo se comprenda a sí mismo como un "yo-particular-separado" no podrá vivirse sino desde la necesidad de controlar. Donde hay identificación con el yo-separado, decíamos más arriba, habrá miedo, soledad, ansiedad... y culpa. Y es precisamente el miedo el que hace imposible la confianza y exige controlar, como único modo a su alcance para –así lo imagina– obtener seguridad. Pareciera que la asociación control-seguridad obedece a un patrón grabado ancestralmente en nuestro cerebro. Y parece, igualmente, que tal patrón nace con la propia mente y su idea de que somos algo separado de la Vida y de la totalidad. A partir de una creencia de ese tipo, la mente (el yo) reacciona de este modo: "¿Cómo voy a confiar? Lo que tengo que hacer es controlar". Realmente, aquella idea errónea no le deja otra alternativa que alimentar el sueño de que puede controlar la realidad como único medio para sentirse seguro.

Lo que todo esto nos muestra es que *el yo es adicto al control.* A partir del guion según el cual la vida debe responder a sus expectativas, en cuanto eso no ocurre, aparece la frustración y, con ella, la resistencia expresada en forma de "esto no debería ser así".

El control, que nace de la doble fuente citada –en el plano psicológico, en forma de carencia afectiva, y en el profundo, como consciencia de separatividad–, persigue siempre seguridad y autoafirmación. Y si lo miramos detenidamente, lo que descubrimos no es solo que el yo sea controlador, sino que él mismo se define como control –de la misma manera que se define como resistencia y reactividad–. De hecho, basta soltar el control o la resistencia, para que se diluya también la identificación con el yo. Lo cual explica el círculo vicioso en el que caemos con facilidad: el ego es control y el control alimenta y fortalece la creencia en el ego.

La dramática paradoja consiste en que el mismo control encierra una trampa, así como la creencia de ser un yo-separado constituye un error de base: por un lado, el vacío –eso es el yo separado– no puede en ningún caso autoafirmarse, por lo que, al querer controlar, nos embarcamos en un proceso fallido; y por otro, la propia idea de control es una ficción: no controlamos absolutamente nada. Más bien al contrario, lo que se producen son efectos adversos, por cuanto el control perpetúa el sufrimiento –al reforzar la resistencia– y nuestra ignorancia acerca de quienes somos. Lo único que podemos hacer es comprender, permitir que la consciencia que somos nos muestre lo que somos y podamos vivir desde esa luz.

El control nace con la mente. Antes de su aparición, ¿cómo se expresa la Vida una en un árbol, en un animal, en un bebé?... Todo es Presencia que se despliega. Sin embargo, con la mente, nace la capacidad de apropiarse de la consciencia y, como fruto de esa apropiación, nace la idea de separación y el yo.

La mente es una fuente de creencias. Y estas fortalecen la adicción al control porque exigen que la realidad se adapte a ellas. Pero ¿qué es, en realidad, una creencia? Es solo una construcción mental, un mapa, una interpretación..., que se refiere apenas a la realidad aparente, ignorando lo realmente real.

Las creencias –representaciones que crea la mente barajando interpretaciones escuchadas a otros– nos cierran a la verdad, porque no nos permiten ver más allá del marco que ellas mismas establecen como "válido". En ese sentido, abocan a la rigidez mental, que afectará negativamente a la vida relacional. Estudios neurocientíficos han comprobado que el cerebro busca e interpreta los datos de una manera tal que vengan a fortalecer las propias opiniones o creencias preestablecidas, impidiendo así que veamos la fuerza de los argumentos que nos contradicen.

Pero hay más. Aparte de constituir un obstáculo para abrirse a la verdad y de favorecer la rigidez, las creencias provocan reactividad, en cuanto, una vez asumidas, ya no *respondemos* a la realidad tal cual, sino que *reaccionamos* a la lectura que nuestra mente hace de la misma.

Antes o después, la comprensión hace ver que es necesario soltar todas las creencias. El camino espiritual consiste justamente en la comprensión que lleva a transcender la mente, saliendo de la creencia reductora que nos había mantenido encerrados en ella. Seguimos valorando y utilizando la mente como herramienta valiosa y seguimos ejercitando la razón crítica frente a la irracionalidad y la credulidad, pero hemos comprendido que la mente no puede llevarnos a la comprensión de lo que somos ni tampoco a la verdad de lo que es.

Solo la comprensión, desenmascarando aquella creencia errónea que nos hacía percibirnos como separados de la Vida, nos libera de la tensión por controlar y nos permite confiar.

Invitación a confiar

Frente a todo tipo de resistencia, resuena el mensaje universal de los sabios, como una llamada constante y firme: *"¡confiad!"*. En nuestra propia tradición cultural, me resulta particularmente significativa la invitación de Jesús a confiar siempre, en la certeza de que "hasta los cabellos de vuestra cabeza están contados", y de que "ni un solo gorrión cae al suelo sin que vuestro Padre lo permita" (Mt 10,29-30). Por ello, la conclusión no podía ser más precisa: "No andéis preocupados..., a cada día le basta su afán" (Mt 6,34). En realidad, tanto su vida como su mensaje destilan confianza por los cuatro costados: desde la pequeña parábola que habla de la semilla que crece "por sí sola" (Mc 4,26-28), hasta las últimas palabras que pronuncia en la cruz a punto de expirar: "En tus manos confío mi vida" (Lc 23,46).

A quien conoce el mensaje de Jesús, no le extraña que la confianza caracterizara toda su existencia. Quien comprende que "el Padre y yo somos uno" (Jn 10,30), que "Yo soy la vida" (Jn 11,25; 14,6) o que "Yo soy todas las cosas" (EvT 77) se sabe siempre a salvo. Ha transcendido la consciencia de separatividad porque ha visto y vive en la consciencia de unidad. Y en esta consciencia desaparece el miedo y la necesidad de controlar.

Pero no son solo las palabras de los sabios las que hablan de confianza. Si estamos atentos, es probable que veamos cómo, en nuestro propio recorrido existencial, ha habido siempre una invitación a confiar. ¿No tuvo que ocurrir todo lo que ocurrió para que pudiéramos haber llegado hoy hasta aquí? Soy consciente de la ambigüedad que estas lecturas pueden encerrar, pero ¿no vemos hoy todo lo que nos aportaron las crisis que en su momento nos desasosegaron?

Hay más invitaciones para confiar. Al contemplar la armonía del cosmos, más allá de lo que nuestra mente nombra como "desajustes", no podemos sino reconocer la existencia de un orden, sabiduría o inteligencia creativa que sostiene todo. Y esa sabiduría que guía el despliegue del universo, ¿no está guiando igualmente nuestra existencia?, ¿no nos invita a ver la vida como un proceso inteligente y autodirigido?

Con todo, no son solo invitaciones. La confianza se asienta definitivamente en la comprensión. No me refiero a un mero entender mental o intelectual, sino a aquella comprensión vivencial o existencial que nos permite "ver" la realidad cuando la mente se ha silenciado. Es algo que no podemos pedir al "ojo de la carne" ni al "ojo de la razón"; únicamente el "tercer ojo" (del silencio de la mente o de la contemplación) –como ha recogido la sabiduría mística de Occidente: Hugo y Ricardo de San Víctor, Buenaventura...– nos capacita para acceder a lo que transciende a la mente. "Si no se cultiva el tercer ojo –escribe la maestra zen Ana María Schlüter–, este permanecerá ciego. Estar fuera del paraíso es exactamente esto: no percibir ya la Presencia, carecer del órgano capaz de experimentar, de «ver» a Yavé, al-que-es, al-que-está-con... La cultura occidental, que ha desarrollado preponderantemente el ojo de la razón, sufre ahora esta ceguera de un modo especial"[1].

Una vez más, se hace necesario recordar que necesitamos acallar la mente si queremos ver con claridad... y si queremos vivir en confianza. Porque esta no nace de la mente ni se sostiene gracias a alguna creencia –ninguna construcción mental es base

1. A. M. Schlüter, *Presentación de la edición castellana* del Anónimo del siglo XIV, *La Nube del no-saber*, Paulinas, Madrid 1981, pp. 9-10.

segura para confiar–, sino que se basa en nuestra única certeza, que no es otra que la certeza de ser.

Nadie puede dudar de que es, *nadie puede decir: "Yo no soy"*. Y cuando atendemos aquella certeza, sin que la mente se la apropie ni le añada ninguna lectura que pueda deformarla, de ella brota la comprensión de no-separación con todo, y esta es una con la confianza.

La confianza es una con lo que es y otro nombre de lo que somos. No se trata de algo separado que hayamos de lograr o alcanzar para que nos sostenga –la misma idea de separación es errónea–. Somos el mismo Fondo que sostiene todo lo real. Y ese Fondo es fiable. Si somos no-separados, si somos plenitud, ¿cómo podría haber desconfianza? El poeta Christian Bobin lo expresa con acierto: "En lo profundo no estamos en peligro"[2].

Todo es –y solo hay– Vida que fluye. Lo que emerge de aquí es una invitación para la vida cotidiana: *Confía en la Vida... y experimenta por ti mismo lo que ahí se produce.* Se trata, bien mirado, de un experimento: deja por un momento las creencias que puedas tener, experimenta, indaga... y compruébalo por ti mismo.

La confianza se traduce en aceptación, que no es resignación ni claudicación, sino alineamiento sabio con lo real, comprensión de que, más allá de la forma (persona) en que nos experimentamos, somos la Vida que fluye. Y con la aceptación aparece también uno de los signos más claros que verifican el ajuste del camino espiritual o de la sabiduría: desaparece el lamento y el victimismo. En lugar de quejarse lastimeramente, el sabio ama lo que es.

2. Ch. Bobin, *La presencia pura*, El Gallo de Oro, Bilbao 2017, p. 59.

Confiar es amar lo que es

Los sabios viven e invitan a vivir en la confianza porque conocen que somos uno con la Vida. Al salir de la creencia errónea de separación –al pasar de la consciencia de separatividad a la consciencia de unidad–, nos acompaña siempre la confianza.

A su vez, esa misma comprensión se expresa en aceptación y amor a lo que es, actitudes que se hallan tan alejadas de la resistencia como de la resignación. Estas últimas nacen de la ignorancia, en definitiva, de la creencia errónea de separación: al creerte separado de la vida, no te queda sino resistirla o resignarte de un modo fatalista.

El amor a lo que es implica lucidez y consciencia plena, y se vive en forma de paradoja, como tendremos ocasión de ver. Baste decir ahora que, una vez que comprendes que eres uno con la Vida, vives abandono confiado y, *al mismo tiempo*, docilidad para actuar todo lo que la misma Vida mueva en ti. Esto es lo que apreciamos en el testimonio de los sabios que me parece oportuno recordar a continuación.

Y deseo traer a la memoria, una vez más, a Jesús de Nazaret. Al final de su vida, bajo la amenaza de lo que se le venía encima, Jesús sufre una crisis de angustia que experimenta como "tristeza mortal" (Mc 14,34). Al sentirla, lo primero que le surge, de manera automática, es el deseo de escapar: "Padre, aparta de mí esta copa de amargura". Sin embargo, inmediatamente se resitúa y lo que brota de él es aceptación: "Pero no se haga como yo quiero, sino como quieres tú". Y entonces –añade el evangelista Lucas (22,43)– "un ángel del cielo lo consolaba".

Todos podemos experimentar tristeza, miedo, soledad, angustia, desesperación... Son sentimientos humanos –aparecen involuntariamente– y todos somos seres sensibles. Lo que regala la comprensión es la capacidad de, una vez reconocidos y aceptados tales sentimientos, sin evitarlos, resituarnos y conectar conscientemente con nuestra verdadera identidad, en la que somos uno con todo.

La secuencia, entonces, no es distinta a la que vivió Jesús: angustia – aceptación – consuelo. Donde hay aceptación aparece siempre la paz y el consuelo. El consuelo es lo opuesto a la desolación *–falta de suelo–* que acompaña a la culpa; y el suelo que otorga la comprensión no es otro que la confianza firme.

En Jesús encontramos a un hombre en quien se combinan de modo admirable *la acción entregada y el abandono confiado.* No es extraño que fuera capaz de resituarse con rapidez en cuanto algo lo descolocara. El cuarto evangelio pone en su boca esta afirmación sabia: "Mi alimento es hacer la voluntad del Padre" (Jn 4,34). Si entendemos el término "Padre" como una metáfora que apunta al Fondo original y originante de todo lo real, la "voluntad del Padre" no es otra cosa que aquello que la Vida nos trae en cada momento. Y cuando una persona busca, no hacer su propia voluntad, sino adecuarse a la voluntad de la Vida –"no vivo según mi voluntad, sino según la voluntad del que me ha enviado" (Jn 5,30), que podría traducirse de este modo: "no quiero otra cosa que lo que la vida quiera"–, ¿qué le haría perder la paz?

Entendemos desde aquí lo que decía Krishnamurti: "El secreto de mi paz es que no me importa lo que suceda". En efecto, lo que nos quita la paz es la resistencia ofuscada que oponemos a aquello que vivimos como contrariedad, airados por lo que frustra nuestros planes o nuestro deseo. *Sufrimos porque rechazamos lo que nos ofrece el momento presente.* Pero cuando alguien desea sencillamente lo que la Vida quiere, ¿qué podría contrariarlo? Como Krishnamurti, Spinoza vio también que "solo es posible la alegría constante cuando nuestra voluntad quiere lo que es".

Dentro de la tradición estoica, Marco Aurelio lo expresaba de este modo: "Todo se me acomoda, oh Cosmos, lo que a ti se te acomoda". Y desde la más sublime mística cristiana, el Maestro Eckhart aconsejaba "aceptar todas las cosas como si uno mismo las hubiese deseado".

Aquellas mujeres libres, sabias y comprometidas que fueron las beguinas lo expresaban con la misma valentía: "¿Cómo deberíamos vivir?" –se preguntaba Matilde de Magdeburgo–. Y respondía: "Vive dándole la bienvenida a todo". Y eso es lo que caracterizaba la existencia de la gran Hildegarda de Bingen: "Doy la bienvenida a todas las criaturas del mundo con gracia".

En esta misma línea, encontramos en Rumi, el gran poeta y místico del sufismo, un texto que estremece: "El ser humano es una casa de huéspedes. Cada mañana un nuevo recién llegado. Una alegría, una tristeza, una maldad, que viene como un visitante inesperado. ¡Dales la bienvenida y recibe a todos! Aun si son un coro de penurias que vacían tu casa violentamente. Trata a cada huésped honorablemente, él puede estar creándote el espacio para una nueva delicia. El pensamiento oscuro, la vergüenza, la malicia, recíbelos en la puerta sonriendo e invítalos a entrar. Agradece a quien quiera que venga, porque cada uno ha sido enviado como un guía del más allá".

Un texto que me lleva a recordar un poema profundo de Antonio Colinas, *La visita del mal*, que transcribo a continuación[3]:

3. A. Colinas, *Libro de la mansedumbre*, Tusquets, Barcelona 1997, pp. 19-20.

"Hoy hemos recibido la visita del mal,
pero hemos decidido acogerlo
como a huésped fecundo.
Llegó el mal de repente, como cepo o veneno,
y le hemos abierto
de par en par la puerta de la casa.

Como siempre, el mal
viene ciego, desnudo, sin razón,
y aunque perros y gatos han salido huyendo,
conservamos la calma plenamente
y lo hemos conducido hasta el jardín.
Allí, el dulce día, el sol tan fuerte,
abrasaban las llagas y pesares,
resecaban la sangre en las heridas,
borraban el espeso hedor del aire.

Nos ha llegado el mal como un cuchillo airado
en sótanos de sombra,
mas casa y corazón están abiertos.
Una vez más tuvimos que poner
amor donde el amor no se encontraba.
Y no hay mordaza, dardo, aguja, hiel
que no pueda fundir la hoguera musical
que, de monte a monte, hoy propaga el otoño.

He entrado unos momentos en la casa
para sacarle el pan y la bebida
al huésped iracundo.
Quise alegrarle el corazón, poner
un poco de calor en su cara de hielo.
Con sosegada paz volví al jardín
para abrazar el mal, pero no pude,

pues lo encontré caído y moribundo
de luz y de silencio entre la hierba.

Hoy hemos recibido la visita del mal,
mas pronto hemos tenido que enterrarlo
debajo del naranjo y de su aroma,
donde zumban las abejas.
A solas nos tuvimos que beber
el vino que sacamos para el huésped,
el dulce vino del más hondo olvido".

Para los sabios, la aceptación contiene el secreto último de la sabiduría. Así lo expresaba Juan de la Cruz: "Me parece que el secreto de la vida consiste simplemente en aceptarla tal cual es". Y casi utilizaba las mismas palabras, en un contexto temporal e ideológico bien diferente, Nisargadatta, uno de los más grandes sabios del siglo XX: "La esencia de la sabiduría es la total aceptación del momento presente".

Y en Nietzsche, el gran visionario, encontramos un texto sorprendente, en *La gaya ciencia*, que vale la pena citar entero: "Quiero aprender cada vez mejor a ver lo necesario de las cosas como bello; así seré de los que vuelven bellas las cosas. ¡«Amor fati»: que ese sea en adelante mi amor! No quiero librar batalla a lo feo. No quiero acusar, no quiero ni siquiera acusar a los acusadores. ¡Apartar la mirada: que esta sea mi única negación! Y, en definitiva, y en grande, ¡quiero ser, un día, uno que solo dice sí!".

En la última frase se recoge la actitud más profunda de quien ha comprendido: *uno que solo dice sí.* Se trata de un sí a la Vida y expresa la actitud profunda de quien se sabe uno con ella.

Confiar es vivir diciendo "sí"

La voz de la mente, desde el momento en que emerge, grita: "*¡Controla!*". Teniendo como objetivo atrapar la *seguridad*, cree percibir el *control* como medio, con lo cual se instala en una actitud de *resistencia* a lo que es, que se traduce en un comportamiento marcado por la *reactividad*. Esas cuatro palabras –seguridad, control, resistencia y reactividad– definirán en todo momento el funcionamiento del ego, lo que se activa de modo automático en cuanto nos reducimos al yo.

Frente a ella, la voz de la sabiduría susurra: "*¡Confía!*". Y su propuesta se traduce en *fluir*, *aceptar* y *responder*.

El ego no es sino la resistencia que oponemos a la vida; el modo como nos "protegemos" de ella..., como el remolino se protege de la corriente, tratando de preservar (lo que cree ser) su identidad y su seguridad. La mente se inquieta y altera porque, de acuerdo con la ley del apego y la aversión por la que se rige –y que la lleva a aferrarse a aquello que le agrada y a rechazar todo lo que le desagrada–, vive en la pretensión constante de que se cumplan sus expectativas. De ese modo, asegura el sufrimiento, al olvidar la sabia máxima de Epicteto: "No son las cosas en sí las que nos perturban, sino la interpretación que hacemos de su importancia".

En cualquier caso, siempre que se sienta frustrada, la mente (el yo) se posicionará en el "NO" a la Vida. Un "no" que nace del olvido de que somos Vida. A partir de ahí, empezamos a temerla. Y el miedo nos hace entrar en guerra con ella. Y, con la guerra, se instala el sufrimiento. Por cuanto la creencia de estar separados de la Vida se halla en el origen de todo sufrimiento mental.

¿Qué hacer? Salir del error, lo cual significa volver a la pregunta que orienta todo –*orientar* significa dirigir la mirada al

Oriente, es decir, mirar a la luz–: *¿qué soy yo?* Cuando comprendes que eres Vida, ¿cómo no confiar?, ¿cómo no fluir?

Al comprender que somos vida, nos percibimos alineados con ella y, por tanto, anclados en un "sí" consciente a lo que viene. Pasamos así *de reaccionar a responder.* Y es entonces, desde ahí, cuando brota la *acción adecuada:* creativa, eficaz y liberadora, porque es desapropiada. Y es desapropiada porque el sujeto de la acción es la propia Vida.

"Que no sea lo que yo quiero, sino lo que la Vida quiere": así se expresa quien rinde su mente –su yo– a la sabiduría mayor que conduce todo el proceso, la vida misma. Tal actitud de rendición no es resignación, sino sabiduría. Por eso es fuente de acción creativa. Se asienta en la comprensión que manifiestan estas palabras atribuidas al Buddha: "El que logra aceptar la perfección divina detrás de toda situación, puede liberar en un instante años de rencor, resentimiento y enfermedad".

La invitación, por tanto, es sencilla de formular: ejercítate en decir "Sí" a todo aquello que la vida te traiga..., reconociéndote como Vida. O por decirlo de nuevo con palabras de Epicteto: "No pretendas que lo que ocurre ocurra como tú quieres, sino quiere que lo que ocurre ocurra como ocurre. Así el curso de tu vida será feliz".

Lo que brota de ahí, es confianza, aceptación y responsabilidad.

Confianza, aceptación y responsabilidad

Tal como anoté anteriormente, *la comprensión trae consigo confianza, aceptación y responsabilidad*. Para la mente puede resultar casi contradictorio porque, debido a su naturaleza dual, tiende a ver la aceptación como lo opuesto a la responsabilidad. Pero eso es solo una lectura errónea. Lo cierto es que la alineación con la vida sitúa a la persona en actitud de responder a lo que la propia vida presenta.

A diferencia de la reacción que caracteriza al ego, y que nace como consecuencia de la lectura que la mente hace de las cosas, la responsabilidad fluye con espontaneidad en el momento, sin que la mente sea la que lleve el control de la misma.

Confianza y responsabilidad, desapropiación completa y compromiso decidido: he ahí el camino de la gratuidad que nace de la comprensión. Es un movimiento paradójico, pero en absoluto contradictorio. Se activa en él lo que se conoce como la *paradoja ignaciana*: "Actúa como si todo dependiera de ti, confía como si todo dependiera de Dios".

Una paradoja que me resulta admirable y que se asienta, consciente o inconscientemente, en la sabiduría de la no-dualidad. Sabiduría que podría formularse, como de hecho aparece en la tradición hinduista, de este modo: "Vive como si *todo* dependiera de ti; y confía como si *nada* dependiera de ti".

Tal paradoja, que para la mente suena a contradicción irresoluble –ya ha quedado dicho que la mente analítica es incapaz de captar la naturaleza paradójica de lo real–, contiene la más exquisita sabiduría vital. La misma comprensión-vivencia de que somos Vida hará todo lo demás.

Al final, la percepción que tengamos de lo Real dependerá de manera radical, sobre todo, del nivel de consciencia en que nos hallemos. En el estado mental –caracterizado por la identificación con la mente y protagonizado por la "identidad" que en ese estado se cree tener: el yo–, habrá confusión y sufrimiento, porque desde el plano mental (del yo) es imposible transcender el mundo de lo impermanente.

El yo se verá obligado a vivir desde su necesidad de controlar, lo cual, antes o después, desembocará en frustración y en sufrimiento, porque la realidad nos muestra a cada paso que no somos capaces de controlarla.

Junto al control, otra característica que define al yo es la reactividad: desde la mente, como he indicado más arriba, es imposible responder a lo que hay, porque la propia lectura mental hace que reaccionemos a lo que ella misma interpreta como real. No lo realmente real, sino solo lo que ella percibe –una construcción de la propia mente– será el "estímulo" que haga desencadenar una reacción.

El estado de presencia difiere radicalmente del anterior. En él cesa la identificación con la mente, con lo cual es posible la comprensión de lo que somos en profundidad, de la que brotará la confianza radical y, con ella, en una vivencia profunda y consciente de fluir con lo Real, la aceptación plena y la responsabilidad. En este estado se nos regala la libertad y la comprensión de lo que somos: al situarnos "detrás" del pensamiento, cesa nuestra identificación con la mente (el yo), pues reconocemos que aquello que observa el condicionamiento no está en sí mismo condicionado.

En la aceptación –en cuanto capacidad de estar con lo que hay– se supera la dualidad entre lo que es y lo que debería ser. Lo cual no significa negar la posibilidad y necesidad del cambio, pero este no nacerá de la resistencia del ego a lo real –de la consciencia errónea de separatividad–, sino de la comprensión o consciencia de unidad, del Anhelo en el que se expresa la vida.

Parece claro que el yo no puede aceptar la realidad que lo frustra, porque vive esperando que la vida responda a sus expectativas y, cuando no es así, se resiste y reacciona airado, posicionándose en el "no" a la vida y generando sufrimiento. Sin embargo, lo que somos –consciencia, presencia, vida...– es capaz de acoger y abrazar toda la realidad, todo lo que pueda ocurrir.

Eso significa, visto desde el otro lado, que la aceptación nos sitúa en la verdad de lo que somos. O, dicho al revés, *nuestra naturaleza profunda es ya aceptación*. Porque somos lo que es. La sabiduría nos conduce a ajustarnos cada vez más a la vida porque esa es, en última instancia, nuestra verdad profunda.

He intentado plasmar todo ello en este esquema:

Sabemos que *donde hay identificación con el yo, hay necesidad de control y hay apego* (el yo no puede vivir sin apropiación). Ahora bien, tanto uno como otro generan sufrimiento, que se origina en la pretensión de que las cosas sean distintas de como son. Mientras perdure, por tanto, aquella identificación, nuestra existencia estará marcada por el apego (apropiación), el control y la resistencia: un laberinto sin salida.

Cuando, al salir de ese estado hipnótico, comprendemos que somos Vida –uno con todo lo que es–, lo que brota de ahí es un fluir con la totalidad. Dejamos de considerarnos un remolino al margen y en lucha (resistencia) con la corriente porque hemos comprendido que somos –y siempre hemos sido– agua. El remolino no era nada en sí mismo..., excepto resistencia a la corriente; al dejar de resistir, se diluye nuestra identificación con él.

Al contrario que una forma concreta (el yo), la totalidad no tiene necesidad de aferrarse a nada; lo que hace es entregarse permanentemente, soltar, ofrecer... Y descubre ahí la actitud adecuada: apertura a lo que la Vida trae, aceptación y amor a lo que es.

Y eso no significa afirmar superficialmente que "todo está bien" (en el mundo de las formas). Hay situaciones muy duras y difíciles que requieren una respuesta. Pero la cuestión decisiva es *desde dónde* nace esa respuesta, es decir, el estado de consciencia en el que vivo y que sostiene lo que hago: el estado mental que me hace actuar desde la reactividad o el estado de presencia del que fluye la respuesta adecuada.

Me parece que la clave radica en esta pregunta: ¿Estoy internamente en un "no" –del que se derivará una actitud de control y de resistencia, por estar hipnotizado por el mundo de las formas, olvidando lo realmente real de donde están surgiendo y por lo que son en todo momento sostenidas– o en un "sí" lúcido y consciente que se traduce en alineación, aceptación, responsabilidad y sabiduría para fluir? O planteada de otro modo: *¿Vivo desde el yo o desde la comprensión?*, ¿me veo como "remolino" en medio de una corriente adversa o me comprendo como "agua" que discurre con sabiduría?...

El sufrimiento psíquico no resuelto y la ignorancia espiritual acerca de lo que somos dieron lugar a la creencia que nos hace vernos como culpables, con todas las consecuencias que ello conlleva.

La comprensión de lo que somos, que incluye el trabajo psicológico para desactivar la antigua y arraigada creencia errónea, nos libera de la culpa y del miedo, haciendo que podamos vivir con confianza y responsabilidad.

Y nos regala sabiduría revestida otra vez –cómo no– de sutil y exquisita paradoja. La mente (el yo) persigue con afán e incluso con ansiedad el saber, el querer y el sostener (o controlar), sin ser consciente de que ese mismo afán, que alimenta al ego, es fuente de frustración y de sufrimiento.

En su *afán por saber*, olvida dramáticamente los límites de su conocimiento e ignora que justo aquello más decisivo –la comprensión última de lo real– se halla fuera de su alcance: la frustración, directamente proporcional al empeño por atrapar mentalmente la verdad, está servida.

En su *pretensión de lograr que todo sea como ella quiere*, se posiciona en una actitud de resistencia a la vida, diciendo "no" siempre que algo frustre sus vanas expectativas: tal resistencia, nacida de la ignorancia, asegura el sufrimiento permanente.

En su *desesperación por tener todo bajo control*, creyendo que así garantiza su seguridad, la mente se afana por sostener lo que cree percibir como sumamente frágil y precario. Lo que consigue con ello es fomentar, a partes iguales, el miedo –porque sabe que todo es impermanente e inestable– y la tensión –que trata vanamente de evitarlo–.

La sabiduría no niega a la mente el gusto legítimo por saber, la voluntad de cambiar lo que le parezca adecuado y la necesidad de una previsión inteligente. Sin embargo, porque ve más allá y no se reduce a la estrecha lectura mental, abre ante nosotros –ante quien desee experimentarlo con determinación– un horizonte ilimitado.

No se trata de una creencia más, que iría en sentido opuesto a la anterior, sino de una *propuesta de indagación* que podría plantearse en estos términos: *Permanece en el no-saber, en el no-querer, en el no-sostener* (o controlar), en una renuncia a las pretensiones equivocadas de la mente, que en realidad es una entrega firme y confiada a la vida, a lo que es.

Al permanecer ahí, emerge una sensación de presencia que es plenitud y sabe a gozo: la presencia pura de lo que es, de lo que somos. Estamos en casa. Cesa la ambición de controlar y nace la rendición lúcida y humilde a lo real.

La *mente-que-no-sabe, que-no-quiere y que-no-sostiene* –ello equivale a *silencio del ego*, a la vez que evoca la sabiduría del "no-saber"[4]– se traduce y expresa en una mente humilde, abierta, dócil a la verdad y, por ello, más lúcida, creativa y eficaz que nunca.

De pronto se nos hace patente que, en contra de nuestras anteriores creencias, hay en nosotros, siempre disponible, *"Algo" que sabe y conduce*, y que *todo se halla ya firmemente "sostenido"* en sí mismo. Todo es.

De este modo, la sabiduría nos libera de la visión reductora de la mente, trascendiéndola, y nos conduce a la verdad de lo que somos y a un "modo nuevo" de vivir, liberado de todo rastro de culpa y caracterizado por la confianza y el gozo de ser.

4. Desde el autor anónimo de *La nube del no saber*, en el siglo XIV, hasta el *"entreme donde no supe/ y quedeme no sabiendo / toda ciencia trascendiendo"*, de Juan de la Cruz.

No hay culpa; hay despliegue de la consciencia o de la vida. Pero tampoco hay dejación; hay respuesta creativa –que no nace del yo, sino de nuestra verdadera identidad– a lo que la vida nos trae en cada momento. En el mismo movimiento, decimos adiós a la culpa y decimos sí a lo que es. Nos hemos reencontrado con la Inocencia original; descansamos en la Confianza que somos.

Títulos recomendados

Enrique Martínez Lozano

Pérdidas y comprensión

¿Cómo vivir los duelos?

Colección: A los cuatro vientos
ISBN: 978-84-330-3228-7
Páginas: 152
Encuadernación: Rústica con solapas
Formato : 15 x 21 cm
Edición: 2ª

Enrique Martínez Lozano

Acoger al niño o niña interior

Reconectar con el propio valor y la propia bondad

Colección: A los cuatro vientos
ISBN: 978-84-330-3268-3
Páginas: 128
Encuadernación: Rústica con solapas
Formato: 15 x 21 cm
Edición: 2ª

Enrique Martínez Lozano

Cuando muere la persona amada

Colección: A los cuatro vientos
ISBN: 978-84-330-3251-5
Páginas: 120
Encuadernación: Rústica con solapas
Formato : 15 x 21 cm
Edición: 2ª

A LOS CUATRO VIENTOS

ÚLTIMOS TÍTULOS PUBLICADOS

98. *Humanizar. Humanismo en la asistencia sanitaria,* José Carlos Bermejo, María Pilar Martínez, Marta Villacieros
99. *El mundo en que vivimos. La conciencia y el camino del alma,* Wilfried Nelles
100. *Humanizar la soledad. Comprenderla y acompañarla,* Consuelo Santamaría, José Carlos Bermejo (2ª ed.)
101. *Un camino sin atajos. Duelo por el suicidio de un ser querido,* Alejandro Rocamora Bonilla (Dir.)
102. *El sanador herido. Humanizar las relaciones de ayuda,* José Carlos Bermejo
103. *Profundidad humana, fraternidad universal. La espiritualidad no-dual,* E. Martínez
104. *El ser humano, un ser espiritual,* Javier Urra (3ª ed.)
105. *La vida de Jesús y sus enseñanzas,* Manuel Segura
106. *Mindfulness para cristianos,* Rafael Pardo
107. *Oraciones para humanizar cada día,* José Carlos Bermejo
108. *El arte de mirar y escuchar desde el Corazón,* José María Toro
109. *Gratitud,* Rafael Redondo
110. *Escucha y consuelo. La palabra que sana,* José Carlos Bermejo
111. *Declive de la religión y futuro del evangelio,* José María Castillo (2ª ed.)
112. *Motivación y salud,* José Carlos Bermejo
113. *Pérdidas y comprensión. ¿Cómo vivir los duelos?,* Enrique Martínez Lozano (2ª ed.)
114. *En tus manos encomiendo mi espíritu. Tu cayado me acompaña,* Rafa Redondo
115. *Mujeres sacerdotes, ¿cuándo? Diálogos en torno al sacerdocio de las mujeres,* Mª José Arana (2ª ed.)
116. *La vida íntima,* Javier Urra
117. *Cuando muere la persona amada*, Enrique Martínez Lozano
118. *Un resplandor inesperado. Relatos de transformación espiritual basados en hechos reales*, Ricardo Fernández Aguilà
119. *Acoger al niño o niña interior. Reconectar con el propio valor y la propia bondad,* Enrique Martínez Lozano (2ª ed.)
120. *Profesionales compasivos. La aceptación incondicional en las relaciones de ayuda*, Ana Martínez-Cuevas, José Carlos Bermejo y Pilar Barreto Martín
121. *Meister Eckhart. El libro del consuelo y conforte Divino*, José Carte
122. *La presencia del Jesús interior,* Rafa Redondo
123. *Duelo e inteligencia artificial*, José Carlos Bermejo
124. *Supervisión y counselling. Una aproximación desde la práctica*, José Carlos Bermejo y Rosa María Belda
125. *Vivir sin culpa. Reconocer la inocencia, descansar en la confianza*, Enrique Martínez Lozano (2ª ed.)
126. *¿Cómo somos realmente? Experimentos psicológicos*, Javier Urra